Bilder
Der Luftfahrt

JUNKERS

Ein Pionier der Luftfahrt

Hugo Junkers wurde am 3. Februar 1859 geboren. Schon in seiner Jugend interessierte er sich für das Ingenieurwesen, aber erst mit 50 Jahren beschäftigte er sich mit Flugzeugen. Sein Unternehmen baute schließlich das erste Ganzmetallflugzeug der Welt. Junkers war Visionär: Der Einfluß seiner Ideen und Innovationen auf den Flugzeugbau ist überragend. Keine Geschichte der Luftfahrt kommt an Hugo Junkers vorbei.

Bilder

Der Luftfahrt

JUNKERS

Ein Pionier der Luftfahrt

zusammengestellt von

Brian Walters

SUTTON
VERLAG

Überarbeitete Neuauflage 2001

Die englische Originalausgabe erschien 1997 bei Chalford Publishing in Stroud/GB.

Sutton Verlag GmbH, Erfurt
www.suttonverlag.de

ISBN 978-3-89702-235-5

Druck: Books on Demand GmbH, Norderstedt, Deutschland

Umschlagbild: Während der dreißiger Jahre wurde die Ju 52 das Zugpferd der Lufthansaflotte. Man sieht hier einige Maschinen dieses Typs auf dem Flugfeld von Berlin-Tempelhof. Die deutsche Fluglinie hatte fast 80 Ju 52 im Einsatz. Insgesamt waren etwa 230 Ju 52 für Lufthansa registriert, viele dieser Flugzeuge flogen aber für andere Auftraggeber.

Inhaltsverzeichnis

Danksagung

Derek James schlug mir vor, einen Bildband über die Geschichte von Junkers zu schreiben. Obwohl ich 20 Jahre lang für Lufthansa gearbeitet habe, war mir natürlich die Wichtigkeit von Flugzeugen wie der F 13 oder der Ju 52 bewußt. Außerdem wußte ich, daß Lufthansa ein exzellentes Foto-Archiv hatte, das mir mit von großen Nutzen sein könnte.

So war es dann auch. Ein großer Dank an Lufthansa für viele Fotos der Transportflugzeuge in diesem Buch. Obwohl ich auch viel Unterstützung von SAS, Swissair und Canadian Airlines International bekommen habe, wären ohne Lufthansa viele Lücken in diesem Buch geblieben. Auch Hans-Ulrich Willbold suchte in den Tiefen des Daimler-Benz Aerospace Archives, um mir einige sehr seltene Fotos zur Verfügung zu stellen, wofür ich sehr dankbar bin.

Mike Hooks war für mich eine großartige Unterstützung. Er stellte mir seine riesige Bildersammlung zur Verfügung, aber auch jede Menge anderes Material, das mir sehr geholfen hat. Dank geht auch an die Kuratoren des Imperial War Museums, die mir erlaubten, ein besonders dramatisches Foto zu reproduzieren.

Jede Publikation dieser Art basiert auf Teamarbeit. Ich bin dankbar für die Geduld und Unterstützung von David Buxton und seinen Kollegen von Chalford Publishing. Ebenso Dank an meine Frau Audrey, die die Massen von Fotos und Papier überall in unserem Haus toleriert hat und immer ein kritisches Auge auf meinen Text hatte.

Einleitung

Heute wundern wir uns, daß ein Mann, der sich vor seinem 50. Lebensjahr nicht mit Flugzeugen beschäftigte, ein solcher Visionär werden und großen Einfluß auf den Bau und den Einsatz von Flugzeugen gewinnen konnte. Aber nachdem das Prinzip des „Schwerer-als-Luft-Fluges" bewiesen worden war, übte die neue Wissenschaft auf jeden Erfinder große Anziehung aus.

So war es auch bei Professor Hugo Junkers, der in den späten neunziger Jahren des 19. Jahrhunderts sehr erfolgreich an der Produktion von Heizungsanlagen, Industrieboilern und Temperaturmeßgeräten arbeitete und in seinem Werk in Dessau Tausende von Arbeitern beschäftigte. Auch andere Pioniere der Luftfahrt begannen erst im fortgeschrittenen Alter damit, sich mit Flugzeugen zu befassen. An Junkers war also nichts ungewöhnliches. Der französische Ingenieur Gustave Eiffel beispielsweise wurde durch den Entwurf und Bau des Eiffelturms in Paris berühmt, aber später interessierte sich Eiffel auch für Aerodynamik und entwarf einen Windkanal für Tests mit neuen Flugzeugmodellen.

Junkers war immer am zufriedensten, wenn er forschen konnte. Im Jahre 1892 besaß er bereits sein erstes Patent – für einen Apparat, der den Wirkungsgrad von flüssigen und gasförmigen Kraftstoffen messen konnte. Da niemand seine patentierten Heizanlagen bauen wollte, errichtete Junkers seine eigene Fabrik.

Später erinnerte sich Junkers, daß er Flugzeuge schon immer interessant gefunden hatte, aber nie genug Zeit hatte, sich eingehend mit ihnen zu beschäftigen. Er mußte seine Frau, sechs Söhne und sechs Töchter ernähren, so daß für Liebhabereien keine Zeit blieb. Ein Professor der Technischen Hochschule in Aachen, ein Kollege von Junkers, lud ihn 1909 zur Mitarbeit an einem Flugzeugprojekt ein – und der Rest ist Geschichte. Trotz alledem ist es wirklich bemerkenswert, daß in diesem frühen Stadium der Luftfahrt ein Mann, der über keine Erfahrung mit Aerodynamik und Flugzeugbau verfügte, zu der Erkenntnis kam, daß ein freitragender Ganzmetalleindecker den Flugzeugbau revolutionieren würde.

Um Befürchtungen entgegenzutreten, daß ein freitragender Ganzmetallflügel nicht sicher sei, ließ Junkers 42 Arbeiter auf einem 1916 gebauten J-3-Flügel Aufstellung nehmen.

Während seiner Zeit als Professor in Aachen begann Junkers, sich für Aerodynamik zu interessieren. Die innovationsfreudige Hochschule hatte einen Windkanal gebaut, um die Forschung zu unterstützen. Junkers allerdings war mit diesem Windkanal nicht zufrieden und baute seinen eigenen im nahegelegenen Frankenburg. Als er seine Lehrtätigkeit bereits aufgegeben hatte, errichtete er einen weiteren Windkanal in Dessau.

Es heißt, daß Junkers in der Zeit von 1914 bis 1919 Studien an gut 400 Modellen durchführte und mehr als 4000 Versuche mit ihnen absolvierte, um die Eigenschaften von verschiedenen Tragflächen zu prüfen. Junkers erkannte, daß dicke profilierte Tragflächen sehr effizient sein konnten – eine Meinung, die von Eiffel und anderen, die ähnliche Tests durchgeführt hatten, geteilt wurde.

Mutig nahm Junkers den Bau des ersten verstrebungslosen Ganzmetalleindeckers in Angriff. Einige seiner Freunde zogen sich von ihm zurück, weil sie glaubten, daß Junkers sehenden Auges in den Ruin laufen würde, indem er Geld aus seinem Unternehmen abzog, um so ein zweifelhaftes Unterfangen zu finanzieren. Trotzdem führte Junkers weiter seine Experimente mit Ganzmetalltragflächen durch. Nach Ausbruch des Krieges 1914 interessierte sich auf einmal die Heeresverwaltung für Junkers' Arbeit. Der Erfinder erhielt den Auftrag, ein Aufklärungsflugzeug zu bauen. 1915 war die J 1 fertig.

Zwar hatte Junkers eine Vision und einen starken Willen, aber er wollte seine Kompetenzen nicht teilen. Der typische Entrepreneur forschte lieber und löste Probleme, als die Ergebnisse seiner Arbeit in eine funktionierende Massenproduktion umzusetzen. Während Anthony Fokker während des Ersten Weltkrieges Tausende von Kampfflugzeugen produzierte, entwickelte Hugo Junkers zwar interessante Modelle, aber er baute nur einige hundert J-4-Aufklärungsflugzeuge für die Luftwaffe.

Junkers baute in Dessau nicht nur Flugzeuge, sondern auch Motoren, die als „Jumo"-Motoren bekannt wurden – eine Abkürzung von „Junkers Motorenbau". Professor Hugo Junkers (Mitte) hatte schon 1892 begonnen, einen Gasmotor zu entwikkeln. Er baute weiter Heizungsgeräte, als die Nachfrage nach Flugzeugen zurückging.

Das Werk in Dessau produzierte auch lange nach dem Tod von Hugo Junkers, der am 3. Februar 1935 starb, die meisten Junkers-Flugzeuge.

Obwohl die F 13 und die Ju 52 die klassischen Passagierflugzeuge zwischen 1919 und 1932 waren, erwies sich der Flugzeugbau in Dessau als nicht sehr profitabel, weil vergleichsweise wenige Modelle in großer Serie produziert wurden. Tatsächlich wurden von den 37 Projekten, die in dieser Zeit liefen, nur elf in Serie gebaut. Wenn auch die Weltwirtschaftskrise ihre Auswirkungen zeigte, so war Hugo Junkers doch hauptsächlich selbst für die finanziellen Krisen seines Unternehmens verantwortlich.

Junkers war von den Möglichkeiten des Lufttransportes, der die Verbindung zwischen Nationen beschleunigen würde, überzeugt. Aufgrund der geringen Nachfrage nach F 13 entschied er aber, entweder Fluglinien zu gründen oder sich an ihrer Einrichtung zumindest maßgeblich zu beteiligen. Also wurde 1920 die Lloyd Ostflug mit finanzieller Unterstützung von Junkers gegründet, und innerhalb eines Monats entstand ein Luftpostservice zwischen Berlin und Königsberg mit drei Zwischenstops.

Es folgte eine polnische Fluglinie, die von Junkers unterstützt wurde. Die Anzahl der Fluglinien, welche Junkers förderte, nahm weiter zu, bis 1925 nicht weniger als 16 europäische Fluglinien eine internationale Allianz bildeten, die Europa-Union. Weitere Gründungen wurden durch die „Luft Hansa" ab 1926 obsolet. Die deutsche Regierung wollte Subventionen streichen und forcierte deshalb die Gründung einer allgemeinen Fluggesellschaft aus verschiedenen Einzelunternehmen. Auf diese Weise kamen Junkers Luftverkehr und der Deutsche Aero-Lloyd zusammen.

Junkers machte sich auf, neue Einsatzmöglichkeiten für die F 13 auch in anderen Teilen der Welt zu finden. 1926 erhielt er auf fünf Jahre ein Monopol für den Betrieb einer Fluglinie in Persien. Im folgenden Jahr nahm Junkers Luftverkehr Persien den Betrieb auf. Aber im Jahr 1922 gab es noch ein einschneidenderes Ereignis: Die Sowjetregierung unterzeichnete eine Vereinbarung mit Junkers über den Bau von Ganzmetallflugzeugen in Fili, einem Ort in der Nähe von Moskau.

Hierfür erhielt Junkers finanzielle Unterstützung vom deutschen Kriegsministerium. Die Lage änderte sich, als 1933 die Nationalsozialisten an die Macht kamen. Bis dahin allerdings hatte Junkers bereits für die Sowjetunion eine Flugzeugindustrie aufgebaut. 170 Ganzmetallflugzeuge waren in dem Werk in Fili produziert worden. Zivile und militärische Flugzeugtypen von Junkers wurden an die Sowjets geliefert. Dobrolyot, eine 1923 gegründete Fluglinie, setzte 24 F 13 ein.

In seinem Bemühen, die Einschränkungen zu umgehen, denen die deutsche Flugzeugindustrie durch den Versailler Vertrag ausgesetzt war, versuchte Junkers Henry Ford für eine Lizenzproduktion von G 24 zu interessieren. Als dies nicht gelang, wandte er sich an die Schweden Adrian und Carl Florman, die mit zwei F 13 eine Fluglinie gegründet hatten. Die Schweden waren sehr an einer engeren Zusammenarbeit mit Junkers interessiert, und so wurde ein Flugzeugwerk in Limhamn in der Nähe von Malmö gegründet.

Vorgeblich ein rein schwedisches Unternehmen, das mit Zustimmung der Regierung gegründet worden war, wurde A. B. Flygindustrie nicht nur finanziell, sondern auch technisch von Junkers getragen. Die erste Aufgabe dieses Unternehmens war es, G 23 in leitungsstärkere G 24 sowie A 20 als Bomber für den Einsatz in der Türkei umzubauen. Limhamn wurde zum geheimen militärischen Zweig von Junkers, der Flugzeuge für die Auslieferung nach oder Produktion in Fili in Rußland oder in Japan entwickelte, wo Mitsubishi eine Lizenz besaß.

Anmerkung: Die Bezeichnungen, die Junkers-Flugzeuge erhalten haben, mögen verwirrend wirken. Dies sind die Bedeutungen der Abkürzungen:

J, später Ju	Junkers
F -	einmotoriges Passagierflugzeug
K -	leichtes Passagier- oder Kampfflugzeug
T -	Sport / Forschung / Rundflug
H -	umgebaut für militärische Zwecke – gebaut in Rußland
A -	tiefe Tragflächen, offenes Cockpit – zivil oder militärisch
G -	mehrmotoriges (drei oder mehr) Verkehrsflugzeug
W -	Wasserflugzeug
S -	spezial
EF -	experimentell

1

Vom „Entenflugzeug“ zu ersten Kriegsflugzeugen

Während die Gebrüder Wright die erste Flugmaschine bauten, arbeiteten noch hunderte von anderen Menschen auf der Welt auf dasselbe Ziel hin. Erfinder und Aeronauten hatten zahlreiche Experimente ohne Erfolg durchgeführt, bevor die jungen Amerikaner triumphieren konnten. Inspiriert durch das Beispiel der Gebrüder Wright, erweitern diese Erfinder das Wissen über die Luftfahrt dann allerdings sehr schnell.

Obwohl er sich für das Fliegen interessierte, gehörte Hugo Junkers nicht zu diesen Erfindern. In Dessau betrieb Junkers seine Badeofenfabrik, gleichzeitig war er Professor an der Technischen Hochschule in Aachen, wo er Thermodynamik lehrte. In Aachen kam Junkers das erste Mal mit der Luftfahrt in Berührung: Einer seiner Kollegen, Professor Hans Reissner, führte Versuche zur Entwicklung und Konstruktion von fliegenden Maschinen durch. 1909 baute Reissner einen Doppeldecker, der aber durch einen Absturz zerstört wurde. Bei späteren Versuchen arbeitete Reissner mit Junkers zusammen. Junkers gab jedoch selbst an, daß aufgrund der geringen Zeit, die er erübrigen konnte, der Großteil der Ergebnisse dieser Kooperation auf Reissner zurückzuführen war.

Junkers‘ Beitrag war eine Metalltragfläche, die aus gewelltem Eisenblech bestand. Bei Reissners Eindecker wurde sie am hinteren Teil des Rumpfes angebracht. Dieser Eindecker wurde bekannt als das „Entenflugzeug“. 1912 absolvierte er einige erfolgreiche Flüge. Das Flugzeug stürzte zwar im folgenden Jahr ab, aber Junkers war nun nicht mehr zu bremsen. In weiser Voraussicht hatte er sich seinen Entwurf der hohlen Tragfläche patentieren lassen. Diese hohle Tragfläche aus Wellblech machte die wichtigste technische Innovation von Junkers aus. Obwohl man ihn zunächst nicht ernst nahm, als er ein Ganzmetallflugzeug bauen wollte, welches schwerer als Flugapparate aus Holz und Gewebe war, ließ Junkers sich nicht von seiner Idee abbringen. Klempner und Ingenieure aus Junkers‘ Badeofenfabrik, die eher daran gewöhnt waren, Boiler zu produzieren, bauten nun Metallflugzeuge. 1915 war die J 1 „Blechesel“ fertiggestellt. Auf der Grundlage der J 1 wurden später in Dessau noch andere Militärflugzeuge gebaut.

Obwohl in den folgenden Jahren noch einige Eindecker entwickelt wurden, war die J 4 das erste Junkers-Flugzeug (ein Anderthalbdecker), welches in Serie ging. (Ein Anderthalbdecker ist ein Doppeldecker, bei dem die untere Tragfläche weniger als die Hälfte der Fläche der oberen Tragfläche mißt).

Das Versuchsmuster J 1 war das erste unverspreizte Ganzmetallflugzeug der Welt. Dieser sogenannte „Blechesel“ flog zum ersten Mal am 12. Dezember 1915.

Die unverspreizte Tragfläche galt zu dieser Zeit, als Verstrebungen, Kabel und andere Formen der äußeren Abstützung üblich waren, als völlig unorthodox. Die mit Eisenblech verkleidete J 1 überzeugte jedoch. 1916 war das Folgemodell fertig. Von dem Jagdeinsitzer J 2 wurden jedoch nur drei Exemplare fertiggestellt. Die J 2 war ebenfalls mit Eisenblechen verkleidet, obwohl Junkers Aluminium vorgezogen hätte.

Basierend auf der J 2 wurde ein Jagdeinsitzer unter der Bezeichnung J 3 gebaut, der aber niemals flog. Der hier abgebildete zweisitzige Anderthalbdecker J 4 allerdings brachte es auf über 200 Exemplare. Ab Anfang 1917 wurde dieser Typ eingesetzt. Der gepanzerte Rumpf war ungewöhnlich.

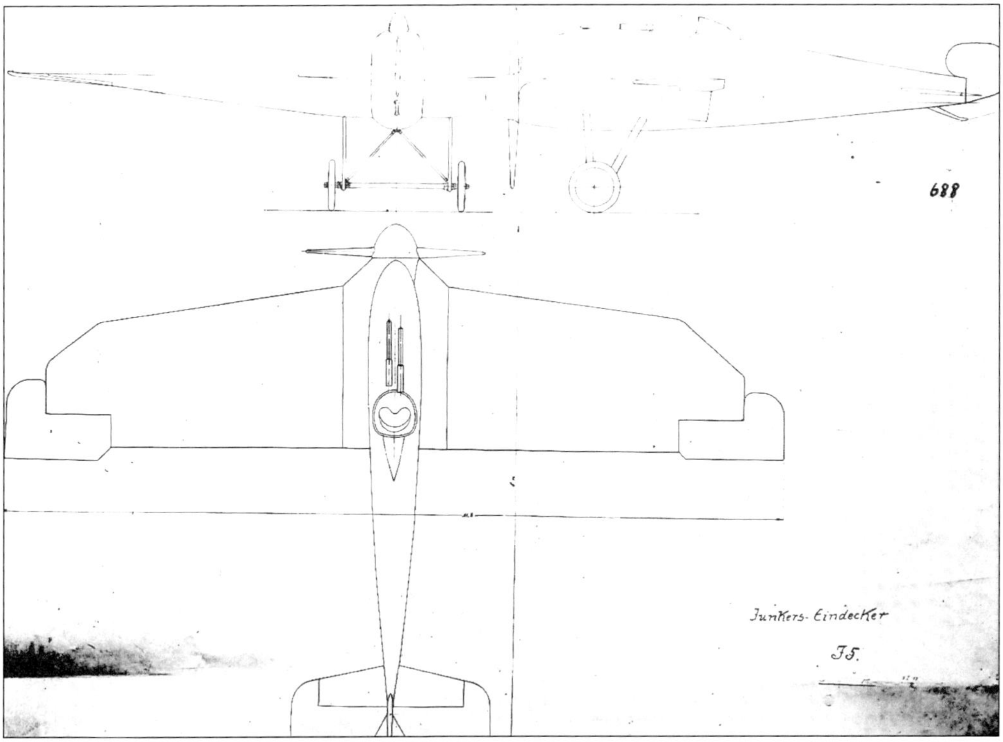

Während die Serienproduktion der J 4 lief, begann das Unternehmen mit den Entwürfen für die J 5, ein einsitziges Jagdflugzeug. Es gab aber Probleme mit der Kühlung des Motors, und die weitere Entwicklung wurde abgebrochen.

Die Konstruktion der J 6 war noch unvollständig, als der Waffenstillstand im November 1918 den Ersten Weltkrieg beendete. Hier sieht man die J 7 mit der für Junkers typischen gewellten Duraluminhülle. Diese Maschine verunglückte während eines Jagdflugzeugwettkampfes, als Anthony Fokker das Junkers-Flugzeug flog. Ein Flugzeug von Fokker gewann am Ende!

Die zweisitzige J 8 basierte auf der J 9. Die J 8 hatte jedoch einen längeren Rumpf und eine größere Spannweite. Es wurde aber nur ein Exemplar dieser überarbeiteten J 9 gebaut, welches 1918 flog.

Der Jagdeinsitzer J 9 war eine schnellere und wendigere Version der J 7. Obwohl die J 9 erst im März 1918 zum ersten Mal flog, wurden noch mehr als 40 Flugzeuge dieses Typs im Krieg eingesetzt. Im Baltikum kamen einige J 9 noch nach der deutschen Kapitulation beim Kampf gegen die Rote Armee zum Einsatz.

Die J 10 war eine Weiterentwicklung der J 8. Obwohl gegen Ende des Ersten Weltkrieges mehr als 40 J 10 für Bodenangriffe gebaut wurden, sind nur wenige tatsächlich eingesetzt worden. Nach dem Krieg wurden einige J 10 so umgebaut, daß auf dem Platz des Beobachters ein Passagier sitzen konnte.

Von der J 11 wurden nur drei Exemplare gebaut. Nachdem der Seeaufklärer seine ersten Flüge im Sommer 1918 absolviert hatte, war es wegen des nahenden Kriegsendes zu spät für eine größere Produktion. Als jedoch ein Flieger der Reichsmarine einige Flüge im Oktober 1918 durchführte, beschrieb er die Leistung der J 11 als außergewöhnlich. Die J 11 auf diesem Foto hatte ein Fahrwerk mit Rädern – der Typ wurde sonst in der Regel als Wasserflugzeug eingesetzt.

Dieses erste Ganzmetallpassagierflugzeug wurde 1919 von Otto Reuter entwickelt. Die F 13 wurde zum wichtigsten Passagierflugzeug seiner Zeit, welches verschiedene Weltrekorde aufstellte.

2

Das erste Ganzmetallpassagierflugzeug

Man kann heute kaum glauben, daß ein viersitziges Flugzeug als Passagierflugzeug bezeichnet wurde. Aber die F 13 war richtungsweisend für den Lufttransport in den zwanziger Jahren.

Als im November 1918 der Waffenstillstand erklärt wurde, kündigte Junkers an, daß die Zukunft der zivilen Luftfahrt gehöre und entwickelte ein völlig neuartiges Flugzeug. Die Entwicklung der F 13 profitierte zweifellos von der Erfahrung, die das Unternehmen durch die Herstellung von Ganzmetallflugzeugen gewonnen hatte, aber man mußte auch mit den vielen umgebauten Militärflugzeugen konkurrieren, die den Markt zu dieser Zeit überschwemmten. Deshalb mußte die F 13 sich von den übrigen Militärflugzeugen abheben.

Zu einer Zeit, als stoffverkleidete Holzrahmenkonstruktionen bei vielen Doppeldeckern sehr verbreitet waren, erwies sich die Technik der F 13 als richtungsweisend: Das Flugzeug war robust, anpassungsfähig und zuverlässig. Diese Qualitäten zog viele Auftraggeber auf der ganzen Welt an, zumal die F 13 im Jahr 1919 noch einen neuen Höhenrekord aufstellte. Da die Auftragszahlen aber anfangs nur langsam stiegen, kurbelte Junkers die Produktion durch die Gründung von Fluglinien an, die seine eigenen Flugzeuge bestellten. Junkers war eines der ersten Unternehmen, das somit das Produkt direkt in die Hände seiner Anwender legte. 1921 gründete Hugo Junkers seine eigene Fluglinie, Junkers Luftverkehr. Diese Fluggesellschaft erwarb innerhalb von zwei Jahren nicht weniger als 60 F 13. Mit Hilfe von Investitionen wie zinsfreien Krediten oder geschenkten Flugzeugen half Junkers bei der Gründung von insgesamt sechzehn europäischen Transportgesellschaften.

Der Versailler Vertrag führte eine lange Liste von technischen Merkmalen auf, die beschreiben sollten, was militärisch und somit nicht erlaubt war. Alle deutschen Flugzeughersteller fingen sofort an, Wege zu entwickeln, um die Bestimmungen des Vertrages in irgendeiner Weise zu umgehen. Junkers stand hier nicht zurück.

Ein Weg, die Produktion von Flugzeugen aufrecht erhalten zu können, war der, sie ins Ausland zu verlegen. Als der Amerikaner John Larson erklärte, daß er die F 13 unter Lizenz in Amerika bauen wollte, reagierte Junkers enthusiastisch. Im November 1920 aber beschlagnahmte der Alliierte Kontrollrat, der die Einhaltung des Versailler Vertrages überwachte, elf F 13, die schon verpackt auf den Transport von Hamburg in die Vereinigten Staaten warteten. Sie wurden erst nach mehreren Monaten freigegeben, nachdem man die Kommission überzeugen konnte, daß es sich wirklich um zivile Passagierflugzeuge handelte.

In der Zwischenzeit verfolgte Junkers weiterhin sein Ziel, sich an Fluglinien in vielen Ländern zu beteiligen, wie etwa in Persien und in der Sowjetunion. Junkers baute die F 13 für Luftaufnahmen, medizinische Einsätze und Getreidedüngung und sogar für den Transport von Tauben um, damit sie überall eingesetzt werden konnte.

Mit der F 13 wurden eine Anzahl von ganz neuen Sicherheitsvorkehrungen eingeführt: Es gab nun Sicherheitsgurte und ein Fahrwerk, das bei einer Bruchlandung abbrach, um so zu verhindern, daß das Flugzeug sich überschlägt. Obwohl in einigen Fällen Passagiere und Crew unversehrt aus einem Wrack stiegen, bei dem nur noch die Kabine in einem Stück war, stürzte 1930 eine britische F 13 bei Meopham im britischen Kent aufgrund eines Konstruktionsfehlers ab. Dies führte zu der ersten methodischen Untersuchung von Flugzeugabstürzen, welche von der Royal Aircraft Establishment in Farnborough durchgeführt wurde. Man setzte das Wrack wieder zusammen und konnte so das defekte Höhenruder als Unfallursache identifizieren.

Die unverspreizte Tragfläche der F 13 bestand aus neun Rohrholmen aus Duralumin mit Querverbindungen, die eine Struktur wie bei einer Brückenkonstruktion bildeten. Diese Konstruktion wurde mit einer Hülle aus gewelltem Duralumin verkleidet, welche lange Zeit das unverkennbare Merkmal von Junkers-Flugzeugen bleiben sollte.

Die Produktionsbedingungen wurden ganz auf die F 13 ausgerichtet, welche nicht nur in großer Anzahl von Junkers in Deutschland, sondern auch unter Lizenz in Japan, Rußland und den Vereinigten Staaten gebaut wurde.

Die F 13 revolutionierte die Konstruktion von Transportflugzeugen auf der ganzen Welt. Die Grundkonstruktion bewies, daß sie sowohl anpassungsfähig als auch leicht zu reparieren war.

Auf dem Höhepunkt der Produktion rollte jede Woche eine F 13 vom Band. 322 Maschinen wurden bis 1932 gebaut, als man die Produktion einstellte. Es ist allerdings unklar, wie viele F 13 in Japan, den Vereinigten Staaten und im Junkerswerk in Fili bei Moskau produziert wurden. Insgesamt dürften wohl 1.000 F 13 die Fabriken verlassen haben, aber diese Zahl ist nie bestätigt worden.

Oben: Während die Passagiere in der F 13 in einer komplett geschlossenen Kabine befördert wurden, saßen die beiden Piloten in einem halb offenen Cockpit, welches ursprünglich nicht einmal eine Windschutzscheibe hatte. Dies war nicht ungewöhnlich, aber die Piloten mußten spezielle Monturen tragen.

Links: Die meisten Flugzeuge von Junkers hatten tief angebrachte Tragflächen. Die F 13, welche man hier mit einer A 20 sieht – einem späteren Modell, das hauptsächlich zum Transport von Post eingesetzt wurde –, setzte den Maßstab für weitere Junkers-Passagierflugzeuge.

Der Prototyp der F 13 flog noch 20 Jahre nach seinem Jungfernflug am 25. Juni 1919 für Lufthansa – so stabil war das Flugzeug. Registriert als D-1 unter dem Namen „Anneliese", stellte das Flugzeug im September 1919 einen Weltrekord auf, als es acht Personen bis zu einer Höhe von 6.750 Metern transportierte.

Mit einem umgebauten Schwanz ausgestattet, wurde „Anneliese" anläßlich des 10. Geburtstages von Lufthansa auf dem Flugfeld von Berlin-Tempelhof im Jahre 1936 zusammen mit andern Flugzeugen ausgestellt.

Auch heutige Firmenflugzeuge transportieren im Durchschnitt nicht mehr Personen als die F 13 zu ihrer Zeit. Lufthansa hatte daher noch bis 1940 Flugzeuge dieses Typs auf vielen Inlandsrouten in Betrieb.

Während der Sommersaison setzte Lufthansa F 13 ein, um die Seebäder der Nord- und Ostsee anzufliegen. Junkers Luftverkehr hatte diese Verbindung schon ab 1923 angeboten.

Es war eher ungewöhnlich für eine Fluglinie, einen Strand als Landebahn zu benutzen. Wo aber auch immer die F 13 eingesetzt wurde, mußte jemand vom Bodenpersonal den Propeller anwerfen, um so den Motor zu starten. Diese recht gefährliche Arbeit wurde nur von geübtem Personal durchgeführt, so daß das Risiko gering blieb.

Während der Wartung einer F 13 sorgte eine Putzkolonne dafür, daß die Kabine aufgeräumt und gereinigt wurde (auch unter Verwendung eines Teppichklopfers, falls dies notwendig wurde). Der Ingenieur kontrollierte währenddessen den Motor, füllte Öl nach und führte die notwendigen mechanischen Arbeiten aus.

Als Lufthansa am 1. Mai 1931 einen Frachtservice mit der F 13 zwischen Berlin und Istanbul einrichtete, flogen bulgarische Militärflugzeuge über bulgarischem Territorium als Eskorte mit.

Junkers gründete eine Fluglinie in Persien, die F 13 einsetzte, welche aus dem Flugzeugwerk in Fili bei Moskau stammten. Einige wurden mit einem Aufsatz für Maschinengewehre hinter dem Cockpit versehen, was darauf schließen läßt, daß der Lufttransport nicht die einzige Funktion dieser F 13 bleiben sollte.

Im Jahr 1930 wurde in Partnerschaft mit der chinesischen Regierung Eurasia, eine Tochterfirma der Lufthansa, gegründet. Eurasia setzte bei den ersten Flügen ebenfalls F 13 ein. Eurasia flog bis Ende 1940.

Oben: Eine mit Gleitkufen ausgestattete F 13 steht während des harten Winters 1928/29 am Flughafen Breslau. Lufthansa war eine von mehreren Fluglinien, die diesen Typ während des Winters auf Schnee einsetzte. Die F 13 konnte selbst bei Frost die geplanten Flüge einhalten, so zuverlässig waren die Motoren.

Rechts: Im Winter mußte sich die F-13-Crew besonders anstrengen. Zweifellos waren Ledermonturen mehr als notwendig!

Eurasia führte Transportflüge in sehr abgelegene Gegenden durch. Da die Beschaffenheit der Flugfelder nicht immer optimal war, wurde die F 13 mit speziellen Ballonreifen versehen. Unnötig zu erwähnen, daß bei den Pionierflügen von Eurasia manche Schwierigkeiten auftauchten, aber die F 13 bewies zusammen mit anderen Junkerstypen einmal mehr ihre Strapazierfähigkeit.

Die F 13 wurde in viele Länder exportiert und eröffnete viele neue Routen. Die Flüge der Luftfahrtgesellschaft Varig in Brasilien bedeuteten eine Herausforderung für die F 13, welche sich von der in China aufgrund der anderen Wetter- und Bodenverhältnisse deutlich unterschied.

In den frühen Tagen der Luftfahrt war es möglich, den Rhein und andere Wasserwege für den Start von Flugzeugen zu nutzen. Am 16. Mai 1927 nahm Lufthansa mit einer F 13 den Flugverkehr zwischen Köln und Rotterdam über Duisburg auf. Der erste Flug wird hier von winkenden Zuschauern am Kai verabschiedet.

Die Türkei war ein weiteres Land, das die F 13 einsetzte.

Die Donau und der Plattensee boten Start- und Landeflächen für die ungarischen Aero-Express-Wasserflugzeuge.

Obwohl der F-13-Prototyp für den Rekordflug im Jahr 1919 tatsächlich acht Personen an Bord transportierte, nahm die F 13 normalerweise nur vier Personen auf. Um 1920 galt es als normal, die Passagiere und ihr Gepäck zu wiegen.

Beim Besteigen einer F 13 wurde den Passagieren eine gewisse Beweglichkeit abverlangt, obwohl Stufen auf der Tragfläche angebracht waren, um den Zugang zu erleichtern. Die Kabine allerdings war komfortabel eingerichtet und mit Autositzen von Modellen dieser Zeit ausgestattet. Passagiere trugen Sicherheitsgurte, was erst viele Jahre später allgemeiner Standard wurde.

Ein F-13-Wasserflugzeug 1929 in der Bucht von Akureyri an der Nordküste von Island. Wasserflugzeuge wurden in den Pioniertagen der Luftfahrt häufig eingesetzt. 1927 hatte die „Lützow", ein Schiff des Norddeutschen Lloyd, eine F 13 für Vergnügungsflüge an Bord.

Die 1923 mit finanzieller Hilfe von Junkers in Finnland gegründete Aero OY, die heutige Finnair, erhielt F-13-Wasserflugzeuge.

Mit deutschem Kapital wurde 1919 die Sociedad Colombo Alemana de Transportes Aeros (SCADTA) gegründet. Deutsche Piloten flogen für die SCADTA auf Wasserflugzeugen vom Typ F 13.

Vertäute F-13-Wasserflugzeuge von SCADTA am Strand von Rio Magdalena in der Nähe von Giradot. Viele Routen in Südamerika wurden von diesen Maschinen eröffnet.

1924 gründeten der Deutsche Aero Lloyd und SCADTA das Condor-Syndikat, welches einige Wasserflugzeuge einsetzte, darunter mehrere F 13.

Einige F 13 existieren heute noch in verschiedenen Luftfahrtmuseen. Diese F 13 besitzt das Technische Museum Stockholm, andere Maschinen sind in München und in Paris zu sehen.

Die Überreste von zwei F 13, welche 1928 König Amanullah von Afghanistan gehörten, wurden 1969 in einem Hangar in Kabul entdeckt. Eine der Maschinen wurde für das Deutsche Museum in München komplett wiederhergestellt.

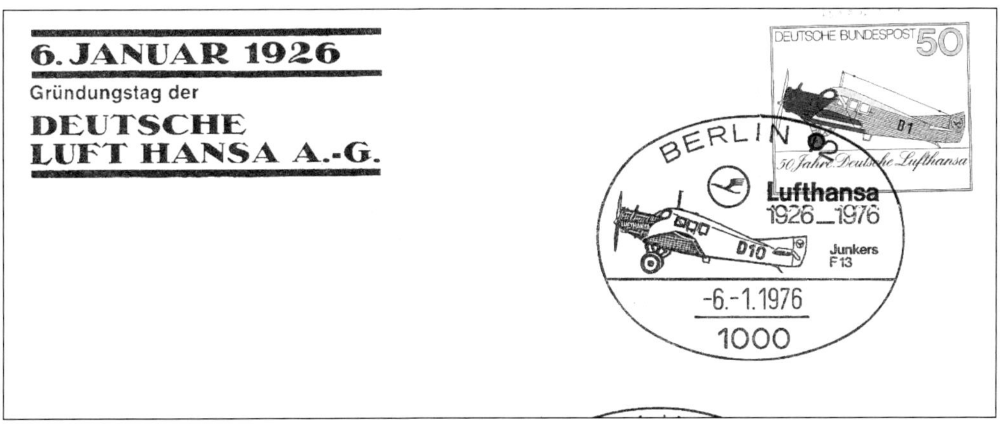

Zum 50. Firmenjubiläum der Lufthansa 1976 erschien eine Sondermarke mit einer F 13.

Eine von zwei an das Schweizer Unternehmen Ad Astra Aero vermieteten F 13 wurde Gegenstand eines berühmten Zwischenfalls. Am 20. Oktober 1921 charterte der österreichische Kaiser Karl IV. die Maschine für einen Flug nach Genf. Das Flugzeug, welches von dem Junkers-Piloten Wilhelm Zimmermann geflogen wurde, brachte den Kaiser und seine Frau aber nicht nach Genf, sondern in die ungarische Grenzstadt Odernburg. Karls Versuch, die Habsburger Monarchie wieder zu errichten, scheiterte jedoch. Obwohl Ad Astra beschuldigt wurde, mit dem Unterfangen zu tun zu haben, gelang es der Fluglinie, sich aus der Affäre zu ziehen, da Zimmermann kein Angestellter gewesen sei und eigentlich das Flugzeug „entführt" habe, um ein anderes Ziel anzufliegen. Der frühere Kaiser und sein Gefolge wurden verhaftet und nach Madeira verbannt, während Zimmermann aus der Schweiz nach Deutschland ausgewiesen wurde. Die F 13 wurde konfisziert und steht heute in Budapest im Museum.

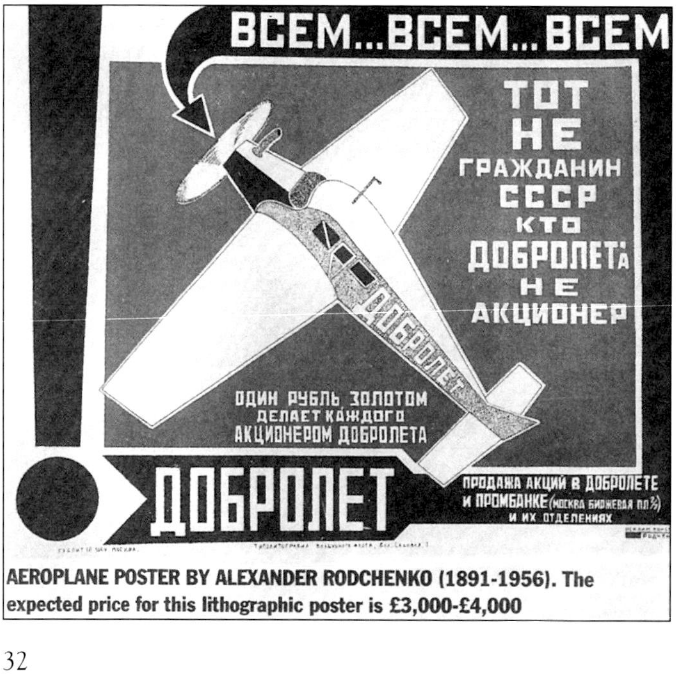

AEROPLANE POSTER BY ALEXANDER RODCHENKO (1891-1956). The expected price for this lithographic poster is £3,000-£4,000

Auf diesem von Alexander Rodtschenko entworfenen Werbeplakat für die sowjetische Fluglinie Dobrolyet ist eine F 13 dargestellt. Dobrolyet war eine von vielen Fluglinien, die Junkers in den zwanziger und dreißiger Jahren bei der Gründung unterstützte. 1988 wurde dieses Poster bei Sotheby's in Moskau versteigert.

3

Die Entwicklung eines großen Transportflugzeuges

Während der vielen Jahre, die sich Hugo Junkers mit der Luftfahrt beschäftigt hat, war er immer am zufriedensten, wenn es um die Erforschung und Entwicklung von neuen Projekten ging. Bereits 1910 ließ er sich eine dicke, in Abschnitte unterteilte Tragfläche für ein Flugzeug, das den Atlantik in 36 Stunden überqueren sollte, patentieren. 1914 trat er mit seiner Vision eines riesigen Flugzeuges, das hundert, wenn nicht tausend Passagiere befördern könnte, an die Öffentlichkeit.

1921 hatte er bereits einen Teil einer Tragfläche für die JG 1 bauen lassen, welches das erste einer Reihe von sehr großen Flugzeugen war. Die Tragfläche wurde aber nie vollendet, denn der Versailler Vertrag verbot ja den Bau von Flugzeugen, welche militärisch eingesetzt werden konnten. Die Konstruktion eines viermotorigen Passagierflugzeuges mit einer Spannweite von 36 Metern, welche 1920 als „Projekt 10“ begonnen hatte, wurde ein Jahr später eingestellt, und die fertigen Tragflächenteile wurden vernichtet.

Junkers wußte, daß weitere Forschungen unternommen werden mußten, um das notwendige Wissen für den Bau von Großflugzeugen zu erlangen. Deshalb zog er erfahrene Ingenieure und Piloten zusammen, welche zusammen an der Verwirklichung von neuen Ideen für die Praxis arbeiteten.

Die in den zwanziger Jahren entwickelten Modelle konnten nicht immer signifikante technische Innovationen aufweisen, denn schließlich mußte Junkers seine Flugzeuge verkaufen, um seine Forschung finanzieren zu können. Auf jeden Fall aber wurde das Wissen über den Flugzeugbau in den zwanziger Jahren kontinuierlich erweitert. 1929 flog bereits ein Flugzeug, welches für seine Zeit als riesig galt – ein Zeugnis für Junkers‘ Innovationskraft. Der Flugzeugbauer entwickelte auch ganz neue Lösungen, die nicht notwendigerweise auch gebaut wurden. Ein gutes Beispiel dafür ist Projekt 9: Die R 4, ein dreimotoriges Flugzeug mit einer Spannweite von 38 Metern, welches der JG-1-Studie voranging, sollte im Rumpf 24 Passagiere und die Crew transportieren, während das Leitwerk an zwei am Flügel nach hinten befestigten Trägern angebracht war.

Projekt 11 hingegen, das als „Junkerissime“ bekannt ist, war dafür ausgelegt, in seinen beiden durch die 62,8 Meter lange Tragfläche verbundenen Rümpfen bis zu 64 Passagiere zu transportieren (siehe S. 60). An den Rümpfen war das Leitwerk angebracht, der Flügel war dick genug, um Fracht, Luftpost und Gepäck sowie die vier Motoren aufzunehmen, welche während des Fluges sogar gewartet werden konnten. Die Entwürfe sahen sowohl eine Landflugzeug- als auch eine Flugboot-Version der Junkerissime vor, welche auf Transatlantikflügen hätte eingesetzt werden können. Die J 1000, die sogenannte „Riesenente“, war die letzte dieser Studien. Ihr 80 Meter langer Flügel wäre groß genug gewesen, um 100 Passagiere und zehn Besatzungsmitglieder aufzunehmen. Die Seitenruder befanden sich an den Flügelspitzen, während das Höhenruder vorne zwischen den beiden Rümpfen angebracht war (siehe S. 61 oben).

Einige dieser Ideen wurden für die G 38 genutzt, welche 1929 zum ersten Mal abhob: beispielsweise die verbesserte Aussicht für Passagiere und der „Motorenraum“ des Flugzeuges im Flügel, welcher es Technikern erlaubte, während des Fluges Wartungsarbeiten durchzuführen. Obwohl nur zwei G 38 gebaut wurden, erregten dieses Modell in Europa beträchtliches Aufsehen und wurde als deutsches Prestigesymbol betrachtet.

Während Junkers die Tiefdeckerbauweise bevorzugte, baute das Unternehmen 1920 die J 15 versuchsweise als Hochdecker. Auch hier gab es keine äußeren Verstrebungen. Es war ebenso ungewöhnlich, daß die Ju 15 eine geschlossene Kabine für einen Passagier hatte und der Pilot im offenen Cockpit weiter hinten im Rumpf saß.

Die K 16 von 1921 war eine Weiterentwicklung der J 15. Das Aussehen war ganz ähnlich, aber der Pilot saß nun vorn, vor den Tragflächen, und in der Kabine hatten zwei Passagiere Platz. Es wurden 11 Flugzeuge dieses Typs gebaut.

Die T 19 von 1922 war gedacht als zweisitziges Forschungsflugzeug, das auch als Sportflugzeug genutzt werden sollte – eine ungewöhnliche Kombination. Sie hatte eine durchgehende Tragfläche, die oberhalb des Rumpfes angebracht war. Die Leistung der T 19 blieb jedoch hinter den Erwartungen zurück.

Es war vergleichsweise ungewöhnlich in dieser Zeit, daß ein Flugzeughersteller auch Flugzeugmotoren baute, aber Junkers konnte auf seine früheren Erfahrungen mit gasangetriebenen Industriemotoren zurückgreifen. Der frühe L1-Motor, den man hier sieht, wurde 1923 gebaut, flog aber erst 1925. 1933 produzierte Junkers seinen tausendsten Flugzeugmotor.

Die T 21 war eine Weiterentwicklung der T 19. Man vermutet, daß größere Mengen für die Rote Armee im Junkers-Werk in Fili bei Moskau gebaut wurden. Die T 21 (die manchmal auch als H 21 bezeichnet wird) diente hauptsächlich als Aufklärungsflugzeug, konnte aber auch Bomben und Maschinengewehre transportieren. Das einsitzige Jagdflugzeug H 22 entsprach der Bauweise der T 21, wurde aber nicht in Serie produziert.

Bei dem 1923 produzierten Postflugzeug A 20 kehrte Junkers zur Tiefdeckerbauweise zurück. Hergestellt wurde die A 20 in Deutschland und in der Junkers-Niederlassung in Schweden. Sie konnte sowohl als Land- wie auch als Wasserflugzeug ausgerüstet werden und kam vermutlich in mehr als einem Dutzend Ländern zum Einsatz.

Insgesamt wurden 43 A 20 gebaut. An den Fahrwerken konnten Räder, Schwimmer oder Kufen angebracht werden.

Eine andere Weiterentwicklung der T 19 war die T 23. Das Schulflugzeug wurde erst als Doppeldecker gebaut, bevor man die obere Tragfläche erhöhte. Die T 23 war das erste Junkers-Flugzeug, welches von einem Le-Rhone-Motor angetrieben wurde.

Um die T 23 besser mit der T 19 vergleichen zu können, konnte der untere Flügel entfernt werden. Diese T 23 flog zuerst als Hochdecker und wurde dann später zu einem Doppeldecker umgebaut.

Die dreimotorige G 23 flog zum ersten Mal im Jahr 1924. Sogleich verlangte die Interalliierte Kontrollkommission, daß die Leistung der Motoren begrenzt werden sollte. An den Tragflächen wurden zwei 100 PS starke Mercedes-DII-Motoren angebracht, vorn ein Junkers L 2 mit 195 PS. So ausgestattet, war die Leistung der G 23 natürlich recht schlecht, so daß die Folgemodelle dann wieder leistungsstärkere Motoren bekamen.

Die G 23 wurde sowohl als Land- als auch als Wasserflugzeug gebaut. Sie diente mehreren Fluglinien, z.B. der Ad Astra Aero in der Schweiz. Um die Beschränkungen durch die Alliierten zu umgehen, wurden einige G 23 nach Schweden geflogen und dort in G 24 mit schwedischem Kennzeichen umgebaut, um dann wieder nach Deutschland zurückzukehren.

Nur zehn G 23 wurden insgesamt produziert. Aus einigen von ihnen entstanden leistungsstärkere und etwas größere G 24, von denen insgesamt 56 verkauft wurden. Die G 24, welche 1925 zum ersten Mal flog, war mit drei L2a-Motoren von Junkers ausgestattet. Lufthansa setzte die Maschine auf den europäischen Routen und sogar in China ein.

Die G 24 war zwar etwas größer als die G 23, transportierte aber dieselbe Anzahl von Passagieren und Crew: neun und drei. Im Gegensatz zu der älteren G 23 war das Flugdeck hier komplett geschlossen. Die G 24 auf diesem Foto thront über einem winzigen Me-17-Leichtbauflugzeug.

Die G 24 ist vermutlich das erste Flugzeug gewesen, das Passagierflüge bei Nacht durchgeführt hat. Der erste Nachtflug auf der Route Berlin – Königsberg fand am 1. Mai 1926 statt. Um den Piloten ihre Aufgabe etwas zu erleichtern, wurden hohe Gebäude am Flughafen Tempelhof beleuchtet und mit roten Lichtern markiert, während alle 25 bis 30 Kilometer rotierende Leuchtbojen den Kurs nach Nordosten markierten.

Weniger als sechs Monate nach Gründung der Lufthansa legten zwei G 24 in zehn Etappen die 10.000 Kilometer von Berlin nach Peking zurück. Am 26. August 1926 kam das erste Flugzeug in der chinesischen Hauptstadt an und wurde von Einheimischen und dort lebenden Deutschen bestaunt.

Die Crews der beiden G 24 wurden in Peking, wo sie auf einem Exerzierplatz landeten, freundlich begrüßt. Pläne, weiter nach Schanghai zu fliegen, zerschlugen sich wegen dort ausbrechender bewaffneter Unruhen.

Die enorme Flugleistung von insgesamt 20.000 Kilometern nach Peking und zurück erregte weltweites Aufsehen. Die Crews wurden bei ihrer Rückkehr nach Berlin am 26. September 1926 stürmisch gefeiert. Leider konnte aufgrund finanzieller Schwierigkeiten keine Flugroute nach Peking eingerichtet werden.

Obwohl der frühere Lufttransport gemessen an den heutigen Standards eher primitiv erscheint, konnten die Passagiere schon 1928 direkt vom Flugzeug in einen Bus steigen, der sie dann in die Innenstadt brachte. Auf diesem Foto sieht man Passagiere, die gerade eine G 24 in Berlin-Tempelhof verlassen.

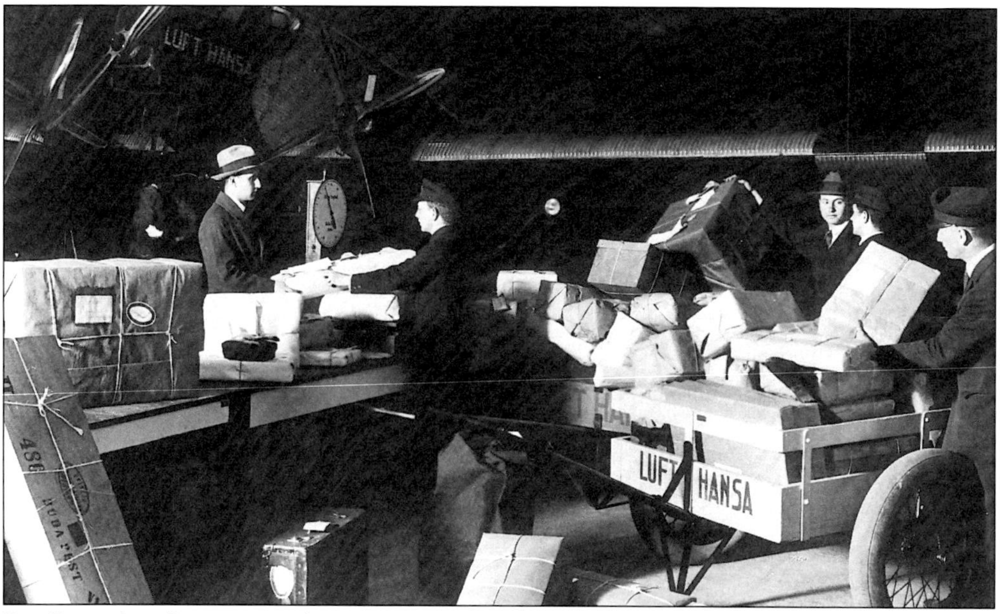

Der Deutschen Post war es als erstem Unternehmen gelungen, regelmäßig Post über Nacht zu befördern. Ab 1929 fanden planmäßige Flüge von Berlin nach London, Paris, Kopenhagen, Malmö und Stockholm statt, die von G 24 der Lufthansa geflogen wurden.

Das Syndicato Condor, das schon länger Flugzeuge von Junkers eingesetzt hatte, flog in den dreißiger Jahren mit zwei Wasserflugzeugen vom Typ G 24 Luftpost zwischen Recife und Rio de Janeiro und weiter nach Buenos Aires.

Die G 24nao, auch K 30 bezeichnet, flog zum ersten Mal 1933. Die mit Siemens/Rhone-Jupiter-Motoren ausgestattete Maschine war eine Testversion für einen Bomber, die unter anderem eine kürzere Spannweite als die G 24 aufwies. Es wurde nur ein Flugzeug dieses Typs in Dessau gebaut, aber wahrscheinlich entstanden weitere zehn im schwedischen Malmö unter Lizenz.

Die einmotorige F 24 von 1928 war die letzte Abwandlung der G 23. Sie war mit verschiedenen Motoren ausgestattet worden, einschließlich eines Jumo 204 Diesel von Junkers. Insgesamt wurden zehn F 24 von verschiedenen Fluglinien – vor allem von Lufthansa – eingesetzt. Alle waren umgebaute G 23 oder G 24.

Die zweisitzige T 29 war das erste Junkers-Flugzeug, welches über die gesamte Tragfläche einen Düsenspalt aufwies, der die Höhen- und Querruderwirkung und somit die Wendigkeit des Flugzeuges verstärkte. Dieses Merkmal wurde später in die Ju 52 und viele andere Typen integriert.

Eine Weiterentwicklung der G 24 war die G 31, die einen wesentlich größeren Rumpf hatte und fünfzehn Passagiere befördern konnte. Die erste der 15 gebauten G 31 flog im Jahr 1928. Die geräumige Kabine der G 31 konnte auch für den Frachttransport umgerüstet werden, beladen wurde dann durch eine Luke im Dach. Zwei G 31 wurden in New Guinea eingesetzt, um die Teile für drei Bagger zum Einsatz auf den Goldfeldern zu befördern.

Nach eigenen Angaben war Lufthansa die erste Fluglinie, die an Bord Essen und Getränke servierte. Dies war im breiten Rumpf der G 31 möglich, die als der „fliegende Speisewagen" bekannt wurde.

In der geräumigen Kabine der G 31 mit dem breiten Mittelgang konnte der Steward jederzeit die Passagiere bedienen. An Bord einiger Flugzeuge war es sogar möglich, die Sitze in Schlafliegen umzubauen.

Lufthansa hatte in Berlin-Staaken eine eigene Instandsetzungshalle. Auf diesem Foto werden die Motoren einer G 31 routinemäßig gewartet. Dies geschah – wie es heute allgemein üblich ist – nach einem festgelegten Zeitplan.

Die Wartungshalle in Staaken hatte auch einen Prüfstand für Motoren, welcher von einer Kabine aus gesteuert wurde.

Das Zivilflugzeug K 39 wurde für militärische Zwecke ausgestattet. 1926 war die Maschine als A 32 ein dreisitziges Vielzweckflugzeug, bevor sie im folgenden Jahr in Schweden zu einem bewaffneten Aufklärungsflugzeug umgebaut wurde.

Die K 39 hatte an der Unterseite einen Gefechtsstand für den Bombenschützen, das hinterste der drei offenen Cockpits war mit einem Maschinengewehr ausgestattet.

Die W 33 von 1926 war ein Nachfolgemodell der F 13. Wie ihre Vorgängerin konnte die W 33 vielseitig eingesetzt werden: unter anderem auch als Wasserflugzeug, um Passagiere und Fracht an entlegene Ziele zu befördern. Als 1934 die Produktion eingestellt wurde, waren insgesamt 199 dieser Maschinen gebaut worden.

Die „Bremen", eine modifizierte W 33, sicherte sich einen besonderen Platz in der Geschichte der Luftfahrt, als sie am 12. April 1928 schwer beladen in Baldonnel bei Dublin zum ersten Non-Stop-Flug über den Atlantik aufbrach. An Bord waren Hermann Kohl, Ernst von Hünefeld und der Kommandeur der lokalen Luftwaffenbasis, Major James Fitzmaurice.

Das Ansehen von Junkers und auch der W 33 hob sich durch den Transatlantikflug sehr. Die „Bremen" erregte viel Aufmerksamkeit auf Fachmessen.

Die einmotorige W 33 hatte eine Spannweite von 17,76 m. Messebesucher (hier vermutlich in Berlin 1928) konnten von einer Leiter in das Cockpit hineinsehen.

Der Luftfrachttransport war die eigentliche Aufgabe der W 33. Hier erwies der Typ sich als äußerst effizient, beispielsweise eröffnete er den Luftpostdienst der Lufthansa. Aber Lufthansa benutzte die W 33 auch, um Routen in den Fernen Osten zu erkunden.

Der Luftfrachttransport war schon in den frühen Jahren ein wichtiger Bereich der Luftfahrt. Mit Postkarten und Postern, auf denen eine W 33 zu sehen war, machte Lufthansa Werbung für ihren Frachtverkehr.

In weniger als einer Woche flog eine W 33 von Berlin nach Irkutsk in Sibirien und zurück. An Bord waren Flugingenieur Fritz Eichentopf und die Piloten Joachim von Schröder und Erich Albrecht. Unruhen in Afghanistan, die den Bau eines Flughafens unmöglich machten, verhinderten, daß auf dieser Route der regelmäßige Flugverkehr aufgenommen werden konnte.

Chinesische Soldaten waren ein gewohnter Anblick während der Aufklärungsflüge, die die W 33 der Eurasia in dem dreißiger Jahren unternahmen – wie hier in Urumchi nahe der russischen Grenze.

Die Wartungseinrichtungen für die Eurasia-Flugzeuge waren sehr einfach, wie bei diesem aus Bambus gebauten „Hangar" erkennbar ist.

Eine W 33 von Eurasia startet gerade in Lanchow, ca. 2.000 Meter über dem Meeresspiegel. Die F 13 und W 33 waren mit speziell angefertigten Ballonreifen ausgestattet, um das Starten und Landen auf rauhen Pisten zu erleichtern. So wurden sie zu wahren „Buschflugzeugen".

Eine W 33 in der Wüste Gobi bei Sonchow. Das Flugzeug war an diese harten Bedingungen sehr gut angepaßt. Bei einer Expedition mußte eine W 33 allerdings landen, als mongolische Soldaten das Feuer eröffneten und ein Crewmitglied verwundet wurde. Die ganze Crew wurde gefangengenommen und sollte erschossen werden, aber am Ende wurden die Flieger doch entlassen und zu Hause als Helden begrüßt.

1928 begann Lufthansa, ihre Piloten im Blind- und Instrumentenflug auszubilden, da man unbedingt auch bei schlechten Wetterbedingungen und nachts fliegen wollte. Zu diesem Zweck wurde eine W 33 als Schulflugzeug umgebaut. Der auszubildende Pilot saß auf der rechten Seite im geschlossenen Cockpit, der Trainer im offenen Cockpit hatte freie Sicht.

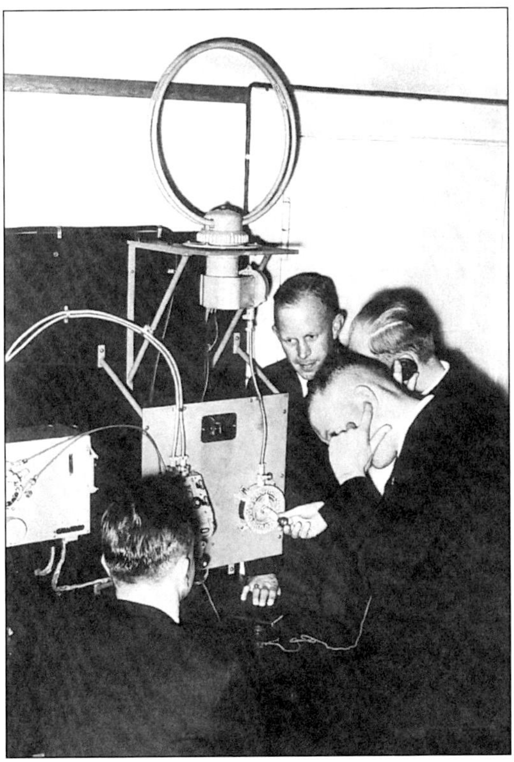

Das Fliegen nach Instrumenten wurde zuerst am Boden unterrichtet, bevor die Piloten im Flugzeug echten Bedingungen ausgesetzt wurden. Auch Funken gehörte zur Ausbildung, was die Einführung von Nachtflügen beschleunigte.

Zwar war die W 34 mit einem leistungsstärkeren Motor ausgestattet, aber sonst sah sie ähnlich aus wie die W 33 – mit dem kleinen Unterschied, daß die Passagiere Fenster hatten. Diese Wasserflugzeugversion der Canadian Airways konnte Fracht und Passagiere befördern.

Dieses Wasserflugzeug vom Typ W 34 flog lange Jahre in Kanada, bevor es 1962 außer Dienst gestellt wurde. Heute steht es im Luftfahrtmuseum in Ottawa.

Die W 34 war robust konstruiert und eignete sich deshalb besonders für den Flugverkehr in Kanada. Diese Landversion mit Rädern, welche im Dienst von Pacific Western Airlines war, steht hier auf Sea Island, Vancouver International Airport.

Mit einem Hornet-Motor von BMW ausgestattet, trägt diese W 34 zwar ein ziviles Kennzeichen, wurde aber vermutlich von der Luftwaffe als Schulflugzeug für Navigation und als Frachtflugzeug eingesetzt. Die letzte W 34 wurde 1935 in Schweden gebaut.

Die W 34 war lange das Standardschulflugzeug der Luftwaffe. Auch für den Instrumentenflug und die Funkerausbildung kam der Typ zum Einsatz. Neben dem Kennzeichen der Luftwaffe trugen einige Flugzeuge auch eine zivile Kennzeichnung.

Am Ende des Zweiten Weltkrieges wurden vergleichsweise seltene Flugzeuge wie die W 34 (von der nur 100 Stück gebaut wurden) auf Schrottplätzen von Flugplätzen in Deutschland gefunden. Dieses Beispiel wurde in Klagenfurt fotografiert.

Die A 35 wurde als Nachfolgerin der A 20, eines Postflugzeuges, entwickelt. Sie war ähnlich konstruiert, aber etwas kürzer und mit einem leistungsstärkeren Motor ausgestattet. Die A 35 flog zum ersten Mal 1926. Es wurden einige Dutzend Maschinen dieses Typs gebaut, sowohl als Land- wie auch als Wasserflugzeug.

Eine Militärversion, die K 35, wurde in Schweden gebaut, um die Restriktionen der Interalliierten Kontrollkommission zu umgehen. Nur zwei Stück verließen die Werfthallen. Man sieht hier die unter schwedischem Kennzeichen fliegende Wasserflugzeugversion. Wahrscheinlich wurde dieses Flugzeug dann mit dem Kennzeichen R 53 in Rußland eingesetzt.

Der zweimotorige Bomber K 37, der 1928 als „Postflugzeug S 36" eingeführt wurde, wurde heimlich für seine eigentliche Bestimmung getestet. Die in Schweden entwickelte Maschine gelangte später an die Luftwaffe. In Japan wurde die K 37 in Serie produziert: Mitsubishi und Kawasaki bauten 174 Stück.

Schon 1927 wurden in Limhamn bei Malmö einige W 34 in K 43 umgebaut. Die K 43 diente als Erkundungs- und Patrouillenflugzeug, welches neben anderen Waffen auch Wasserbomben laden konnte. Nur geringe Stückzahlen wurden für die finnische und die kolumbianische Luftwaffe gebaut.

1927 entstand die einzige A 48, welche allerdings als Prototyp für den Jagdflieger K 47 diente. Schulungsversionen der K 47 wiederum erhielten die Bezeichnung A 48. Die A 48 verfügte über einen 500 PS starken Jupiter-Motor, der von Siemens unter Lizenz von Bristol produziert wurde. Einige spätere Modelle erhielten einen Hornet von Pratt & Whitney, welchen BMW ebenfalls unter Lizenz gebaut hatte.

Die erste K 47 flog im Jahr 1928 und wurde als Sturzkampfbomber erprobt, aber bei der Luftwaffe in dieser Funktion nie eingesetzt. Die chinesische Luftwaffe erwarb ein Dutzend K 47 mit Hornet-Motoren.

Schon 1914 dachte Junkers über die Entwicklung eines großen Passagierflugzeuges nach. In den zwanziger Jahren führte das Unternehmen Studien zu Transportflugzeugen durch, die selbst gemessen an heutigen Standards sehr groß waren. Das Flugboot mit Doppelrumpf, dessen Modell hier abgebildet ist, wurde als „Junkerissime“ bezeichnet. Es sollte bis zu 64 Passagieren befördern.

Die „Junkerissime“ sollte den sehr dicken Flügel aufweisen, den Junkers für die meisten seiner großen Transportflugzeug geplant hatte. Ein Vorteil dieser Konstruktion war der leichte Zugang zu den Motoren, die wenn nötig auch während des Fluges gewartet werden konnten.

Das 1924 geplante Projekt 1.000 mit dem Spitznamen „Riesenente" war ungewöhnlich konstruiert. Das Leitwerk befand sich vorne zwischen den beiden Rümpfen. Dieses Flugzeug sollte in seinem dicken Flügel 100 Passagiere, Crew und Gepäck befördern.

Als im Jahr 1929 die G 38 zum ersten Mal flog, ging Hugo Junkers' Traum, ein großes Transportflugzeug zu bauen, in Erfüllung. Mit dem dicken Flügel ausgestattet, der seit den frühen zwanziger Jahren entwickelt worden war, beförderte die G 38 allerdings nur 34 Passagiere. Zusätzlich zu den Sitzen im Rumpf standen aber auch Aussichtsräume in den Tragflächen zur Verfügung.

Die erste G 38 wurde mit einer aufwendigen Fahrwerksverkleidung ausgestattet, die man aber bald wieder entfernte, da sie keinerlei Auswirkung auf die Leistung hatte. Zunächst war die G 38 mit zwei verschiedenen wassergekühlten Motorentypen ausgestattet: den Innenbordmotoren mit vier und den Außenbordmotoren mit zwei Propellerblättern. Später hatte die G 38 vier gleich starke Motoren mit jeweils vier Propellerblättern.

Die einzigen beiden G 38, welche gebaut wurden, dienten später der Lufthansa. Das erste Flugzeug wurde bei der Lieferung 1930 nicht gleich für kommerzielle Zwecke genutzt. 1936 stürzte es ab. Die zweite G 38 allerdings flog bis zum Kriegsausbruch 1939 Linienflüge, bevor auch sie zerstört wurde.

Obwohl die G 38 das größte Landflugzeug ihrer Zeit war, konnte sie mit ihren fledermausartigen Tragflächen bei erstaunlich niedriger Geschwindigkeit landen. Einfahrbare Öl- und Wasserkuhler waren ein weiteres ungewöhnliches Merkmal des von Junkers gebauten Riesen, der ein Prestigeobjekt für Deutschland wurde. Die G 38 absolvierte viele Flüge innerhalb Europas, bevor sie der Lufthansa überstellt wurde.

Die japanische Luftwaffe wollte die G 38 als Bombenflugzeug einsetzen, wofür Junkers den Typ zur K 51 umbaute. Die sechs Flugzeuge dieses Typs, die in den dreißiger Jahren von den Japanern eingesetzt wurden, wurden unter Lizenz von Mitsubishi als Ki 20 produziert. Mindestens eine Maschine flog noch bis 1943 für das japanische Militär.

Das Cockpit der G 38 war für zwei Piloten ausgelegt, die große Steuerräder benutzten, welche mechanisch mit der Flugsteuerung verbunden waren. Die Crew umfaßte sieben Mitglieder: Kapitän, Flugingenieur, Co-Pilot, Funker, Navigator, Chefingenieur, Mechaniker, zwei weitere Ingenieure und ein Steward flogen mit.

In die Kabine der zweiten G 38 wurde ein zweites Deck eingezogen. So konnte die Zahl der Sitze auf 34 erhöht werden. Zwei Sitze in der Nase des Flugzeuges ermöglichten einen Panoramablick, aber auch die Passagiere in den Aussichtsräumen hatten einen sehr guten Blick in Flugrichtung. Der Komfort für die Passagiere war für diese Zeit sehr ungewöhnlich: Es gab einen kleinen Raucherraum, zwei Toiletten und eine Kombüse.

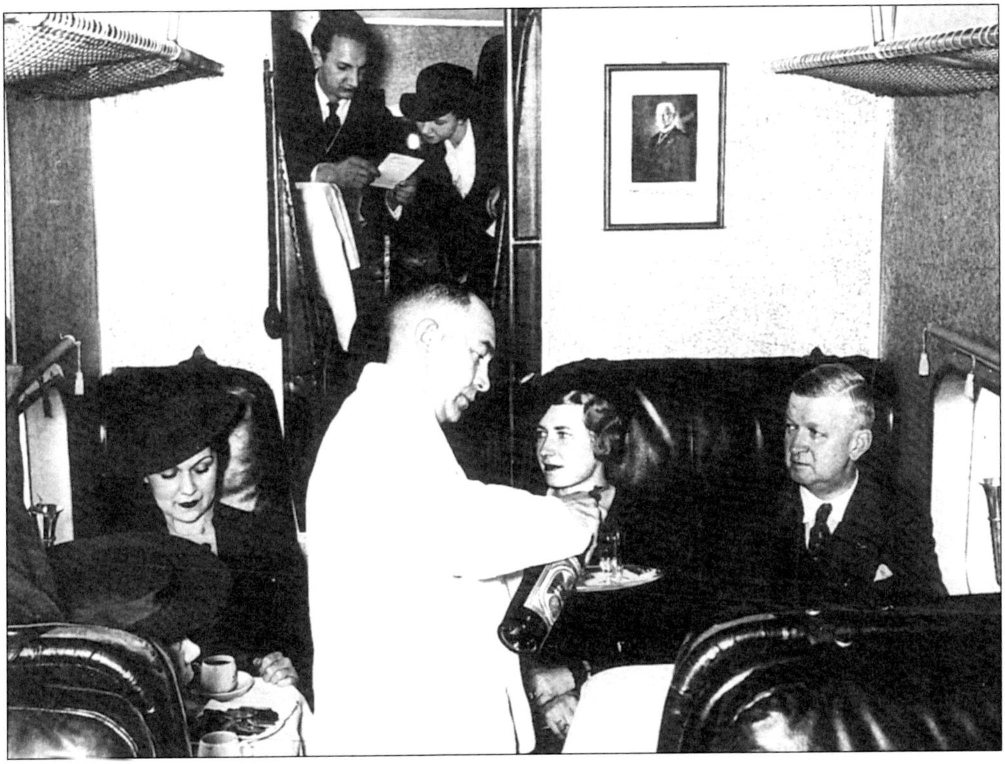

An Bord der G 38 hatten die Passagiere viel Platz. Wenn das Flugzeug die Reiseflughöhe erreicht hatte, konnte man sogar aufstehen, an Bord herumlaufen und die Aussichtsräume oder den Funkraum, der auch als Aussichtsraum diente, besuchen.

1943 beförderte Lufthansa ihren millionsten Passagier. Dies wurde in Berlin-Tempelhof gefeiert.

Neben der riesigen G 38 sieht das nächste Modell, das bei Junkers entworfen wurde, wie ein Zwerg aus. Die A 50 war ein Sportflugzeug, das wie die G 38 zum ersten Mal im Jahr 1929 flog. Die A 50 wurde berühmt für ihre Langstreckenflüge.

Diese Zeichnung der G 38 ermöglicht eine gute Sicht auf das Innenleben dieses erstaunlichen Flugzeuges. Die dicke und hohe Tragfläche wurde nicht nur zur Lagerung von Gepäck, sondern auch von Treibstoff für die vier Motoren genutzt.

Die A 50 war auch als Junkers „Junior“ bekannt. Sie hatte ein ansprechendes Design und wurde entweder mit einem Fahrwerk oder als Wasserflugzeug produziert. Das machte sie äußert vielseitig und zog viele Interessenten auf der ganzen Welt an.

Dieselbe A 50 wie oben ist heute in einem Museum in Helsinki zu sehen.

Junkers hatte auch die Idee, die A 50 in Massenproduktion herzustellen und sie über Autohändler an die „gehobene Mittelschicht“ zu verkaufen. Die Zeit der Weltwirtschaftskrise war allerdings nicht gerade für ein derartiges Geschäft prädestiniert, die Gesamtverkaufszahlen blieben eher bescheiden. Das Flugzeug auf dem Foto wurde nach Australien exportiert, während man andere nach Brasilien, Südafrika, Portugal, in die Schweiz, Japan und Finnland verkaufte.

1923 nahm sich der Flughafen Berlin-Tempelhof noch recht bescheiden aus. Aber schnell wurde Tempelhof der Heimatflughafen von Junkers Luftverkehr, ab 1926 der von Lufthansa.

Schon 1928 war Tempelhof Knotenpunkt für Lufthansa geworden. Das Fliegen in diesen Tagen war jedoch eher den Privilegierten vorbehalten, da die Preise im Vergleich zu heutigen Standards sehr hoch waren.

4

„Tante Ju“

Im Oktober 1930 flog die erste Ju 52. Es handelte sich noch nicht um die dreimotorige Ausführung, die sich Jahr später einen Platz in der Geschichte der Luftfahrt sicherte, sondern um ein einmotoriges Frachtflugzeug. Nur fünf dieser einmotorigen Ju 52 wurden gebaut; eine diente als Passagierflugzeug mit 15 Plätzen, die anderen wurden in Kanada zum Frachttransport eingesetzt.

Die Leistung der Ju 52 konnte durch stärkere Motorisierung erheblich verbessert werden. So wurde die Ju 52/3m entwickelt – die Zusatzbezeichnung steht für „drei Motoren“. Der Prototyp dieser Version flog zum ersten Mal im Mai 1932. Der Ingenieur Ernst Zindel hatte ohnehin eine dreimotorige Variante der Ju 52 im Sinn gehabt. Da Lufthansa sich für die einmotorige Variante nicht interessierte, wurde die dreimotorige Version schnell eingeführt. Zindel hatte 1928 die Aufgabe erhalten, ein komplett neues Transportflugzeug zu entwerfen, das verhältnismäßig günstig zu erwerben, zu bedienen und zu warten sein sollte – und das alles ohne Subventionshilfen.

Hugo Junkers ging davon aus, daß der größte Bedarf für den Lufttransport in den entlegeneren Teilen der Erde vorhanden sein würde. Die Ju 52 mußte also auch robust und anpassungsfähig sein. Die ersten Bestellungen für die dreimotorige Ju 52 kamen aus Kolumbien und Bolivien, und es dauert auch nicht lange, bis auch Lufthansa die erste Maschine orderte. Lufthansa hatte bis Ende der dreißiger Jahre ca. 80 Ju 52 im Einsatz. Der Typ wurde damit zum Rückgrat der deutschen Luftflotte. Bald meldete die Luftwaffe ihr Interesse an. Während des Spanischen Bürgerkrieges diente die Ju 52 als Bombenflugzeug.

Wenn man die Exemplare, die in Spanien und Frankreich gebaut worden sind, mitrechnet, wurden insgesamt 4.835 Flugzeuge vom Typ Ju 52/3m produziert – die meisten für das Militär, obwohl viele von diesen Ju 52 noch nach dem Zweiten Weltkrieg umgebaut und bei diversen Fluglinien eingesetzt wurden.

Canadian Pacific hatte eine einmotorige Ju 52 im Einsatz, die sowohl als Landflugzeug mit Rädern oder Kufen, als auch als Wasserflugzeug eingesetzt werden konnte.

Die einmotorige Ju 52 hatte einige Eigenschaften eines Buschflugzeuges, was sehr wichtig war für das Erreichen der entlegenen Gegenden Kanadas. Dieses Exemplar diente 1931 bei Canadian Airways und wurde 1942 an Canadian Pacific überstellt.

Obwohl diese Ju 52 hier eine der ersten war, die gebaut wurden, erwies sich die in Kanada eingesetzte Maschine als äußert robust.

Die verbreitetere dreimotorige Ju 52/3m wurde während der dreißiger Jahre zum Rückgrat der Lufthansaflotte. Dieser Typ flog regelmäßig Croydon an, den zu dieser Zeit wichtigsten Flughafen in London.

An der ursprünglichen Version der Ju 52 zeigte Lufthansa kein Interesse, aber von der dreimotorigen Version hatte man um die 80 Flugzeuge im Einsatz, welche über das gesamte große Routennetz verteilt waren.

Die Überwachung des Flugverkehrs war sogar in den dreißiger Jahren noch sehr einfach. Nur wenige Flugzeuge waren mit Funkgeräten ausgestattet, denn solche Apparate galten als zu schwer

und zu wenig zuverlässig. Obwohl diese Ju 52 über Funk verfügte (man sieht die Antennen), erhielt sie die Starterlaubnis auf eine wesentlich traditionellere Art – nämlich per Flagge.

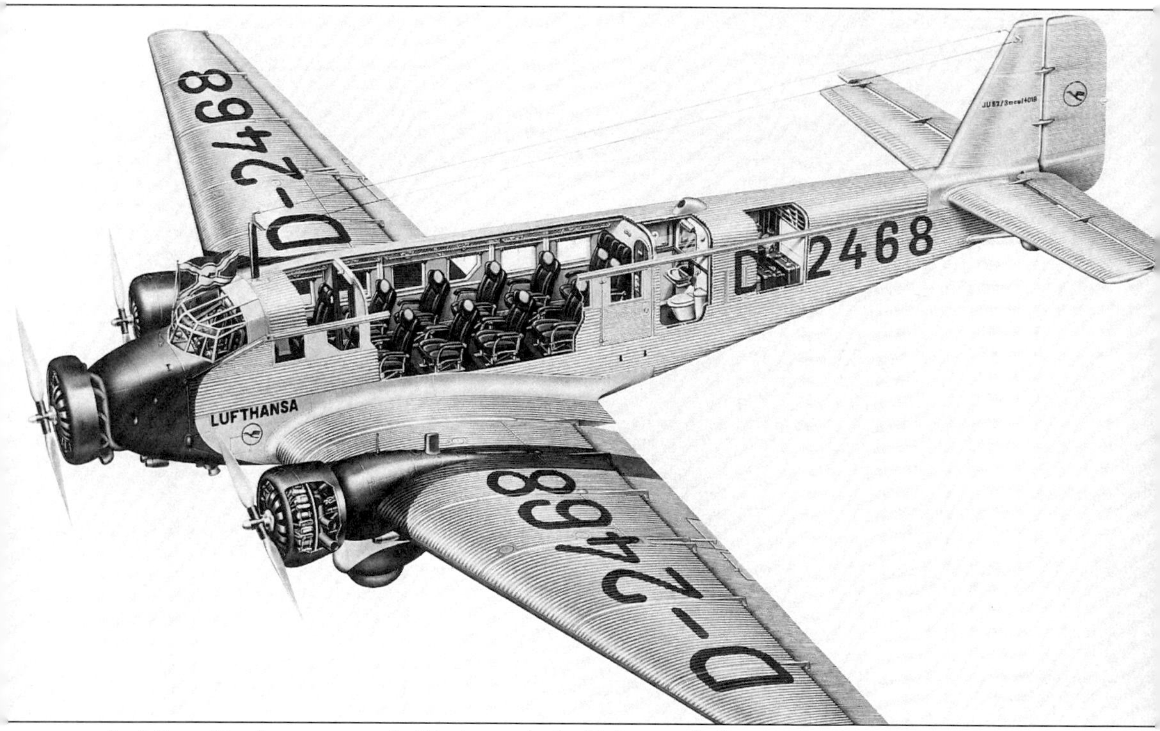

Auf dieser Zeichnung einer Ju 52, die auch die Kabine sichtbar macht, kann man erkennen, daß der Typ den heutigen Passagierflugzeugen viel ähnlicher ist als das Vorgängermodell, die riesige G 38. Es gab zwar keinen Raucher- oder Aussichtsraum an Bord, aber „Tante Ju" hatte ein praktisches Design, das sich als äußerst anpassungsfähig erwies.

Die Kabine der Ju 52 bot komfortable Reisemöglichkeiten für bis zu 17 Passagiere oder 18 voll ausgerüstete Soldaten – diese unter etwas spartanischeren Reisebedingungen. Mit jeweils einer Reihe von Sitzen rechts und links des Mittelgangs hatten die Passagiere mindestens so viel Platz wie in modernen Flugzeugen unserer Tage.

Als die Produktion für Lufthansa auf vollen Touren lief, dominierte die Ju 52 das Flugfeld von Berlin-Tempelhof, aber auch Kunden in anderen Teilen der Welt interessierten sich für dieses Flugzeug.

Lufthansa schickte ihre Ju 52 bis in die entferntesten Winkel des Routennetzes. Wir sehen hier eine Ju 52 auf dem Flugfeld der peruanischen Hauptstadt Lima.

Am 24. Juli 1937 gründete Fritz W. Hammer die Sociedad Ecuadoriana de Transportes Aeros (SEDTA), die ihre Dienste mit zwei von der Lufthansa gecharterten Ju 34 aufnahm und später mehrere Ju 52 kaufte.

Später erwarb Lufthansa die Mehrheit an SEDTA. Ju 52 von Lufthansa mit deutschen Crews halfen dabei, den zivilen Luftverkehr in Südamerika aufzubauen. Wo auch immer eine Ju 52 landete, zog sie Aufmerksamkeit auf sich.

Eine Ju 52 von SEDTA während der Eröffnungsfeier auf dem Flughafen von La Toma in den Bergen von Ecuador. Das dreimotorige Flugzeug war gerade ohne große Schwierigkeiten über die schneebedeckten Anden geflogen.

Während der dreißiger Jahre hatte das Syndicato Condor Ju-52-Wasserflugzeuge im Einsatz, die Post zwischen Recife und Rio de Janeiro und weiter nach Buenos Aires beförderten.

Fritz Hammer war nicht nur der Gründer von Fluglinien in Kolumbien und Ecuador, sondern auch die treibende Kraft beim Aufbau von Start- und Landemöglichkeiten für Postflugzeuge, wie dieser Ju 52 des Syndicato Condor, die an Land zu sehen ist.

Wenn größere Wartungsarbeiten an den Ju 52 des Syndicato Condor notwendig waren, wurden die Maschinen in ein schwimmendes Trockendock im Hafen von Buenos Aires gebracht.

Eine Ju 52 von Lufthansa-Peru startet in Arequippa. Von hier wurde die Westküste mit der Ostküste Südamerikas verbunden. Die Luftpostroute führte weiter nach Europa.

Die Ju 52 stellte einen Rekord für Sicherheit und Zuverlässigkeit bei ihren regelmäßigen Flügen über die Alpen auf, aber die Anden boten eine größere Herausforderung. Einige Flugzeuge wurden mit stärkeren Motoren ausgestattet, um eine Höhe von 7.000 Metern überfliegen zu können. Um den Flug der Ju 52 über den Cristo-Redemptor-Paß unterstützen zu können, brachte das Syndicato Condor eigens ein Funkfeuer an.

Die Ju 52 wurde von viele Fluglinien in Südamerika eingesetzt, beispielsweise in Argentinien, Bolivien, Ecuador, Peru und Uruguay. Die größte Anzahl allerdings flog in Brasilien, wo unter anderen die Fluglinie Varig Ju 52 nutzte.

Auf der anderen Seite der Welt setzte Eurasia im Juni 1937 eine Ju 52 ein, um die Postroute von Kanton nach Hong Kong, zum Flughafen Kai Tak, zu erweitern, wo dieses Foto aufgenommen worden ist. Im selben Jahr erweiterte Eurasia die Route Siam-Kuonming bis nach Hanoi, um mit Air France gleichzuziehen, die bereits über eine Route nach Indochina verfügte.

1930 wurde Eurasia gegründet, ein Joint Venture zwischen Lufthansa und der Chinesischen Regierung. Eurasia verfügte ursprünglich über die F 13, die W 33 folgte ein Jahr später. 1934 wurde die erste von drei Ju 52 geliefert. Bis 1936 wurden fast 70 % aller Flüge ab Schanghai mit dem dreimotorigen Flugzeug durchgeführt.

Mit Ausnahme des gepflasterten Flugfeldes in Schanghai bestanden die meisten Flugplätze, die Eurasia anflog, einfach aus Feldern, die sich während der Regenzeit in Morast verwandelten. Auch diese Ju 52 blieb auf dem Flugplatz in Chengdu im Morast stecken. Nicht einmal Wasserbüffel schafften es, das Flugzeug herauszuziehen. Schließlich legte man Planken unter die Räder des Fahrwerkes.

In Schanghai gab es Hangars und alle notwendigen Wartungsvorrichtungen für die Eurasiaflotte.

Am 24. August 1937 startete eine Lufthansa Ju 52 von Kabul in Afghanistan, um eine gewagte Reise nach Siam in China über den Wakhan-Paß zwischen dem Pamir-Gebirge und dem Hindukusch zu unternehmen. Zwei Jahre später erreichte eine weitere Ju 52 auf derselben Route Siam, aber die Rückreise sollte dafür noch gewagter werden.

Baron von Gablenz, Robert Untucht und Karl Kirchhoff wurden bei ihrer Rückkehr nach Berlin als Helden begrüßt. Man befürchtete, die Crew der Ju 52 sei auf der Pamir-Expedition verloren gegangen.

Die Pamir-Expedition über das Dach der Welt

Als ob die Herausforderung, über den fast 5.500 Meter hohen Wakhan-Paß zu fliegen, nicht genug wäre, führte die Flugroute auch noch über ein Kriegsgebiet an der Grenze zu China. Dies aber wurde nicht eher deutlich, bis von Gablenz gezwungen war, auf dem Rückweg notzulanden. Er war in Siam in Richtung Kabul und dann weiter nach Berlin gestartet, als der vordere Motor anfing, Öl zu verlieren. Unmöglich konnte die Ju 52 so den Pamir überfliegen.

Auf dem Flugfeld von Lob Bazar in der Nähe der Karavanenstadt Chotan landete die Maschine. Chotan stand unter der Kontrolle der 36. tunganesischen Division. Nachdem die Zündkerzen des ölenden Motors ausgetauscht worden waren, wollte von Gablenz wieder starten, als das Cockpit von Kugeln durchlöchert wurde. Bewaffnete Soldaten hielten das Flugzeug auf. Die Soldaten schossen sogar noch weiter, als die Crew mit erhobenen Händen die Ju 52 verließ.

Die Crew wurde gefangengenommen und in die Festung Chotan gebracht, wo sie verhört wurde. Der Befehlshaber der Festung war offensichtlich nicht gewillt, sie wieder freizulassen. Einen Monat nach ihrer Gefangennahme erhielt die Crew dann aber doch die Erlaubnis zum Weiterfliegen.

Trotz des maroden Motors schaffte es das Flugzeug nach Kabul, wo man die vermißten Flieger freundlich begrüßte, aber der „Heldenempfang“ erwartete sie in Berlin, das sie mit einer Ju 52 Ersatzmaschine erreichten.

Eine Ju 52 der Eurasia wurde während eines Fluges von Hanoi nach Kuonming angegriffen und konnte mit Mühe an einem Berghang notlanden. Die Steuerbordseite und das Fahrwerk wurden abgerissen. Die Crew mußte ihren verwundeten Piloten fünf Tage lang durch den Dschungel tragen, bis sie Hilfe erreichte.

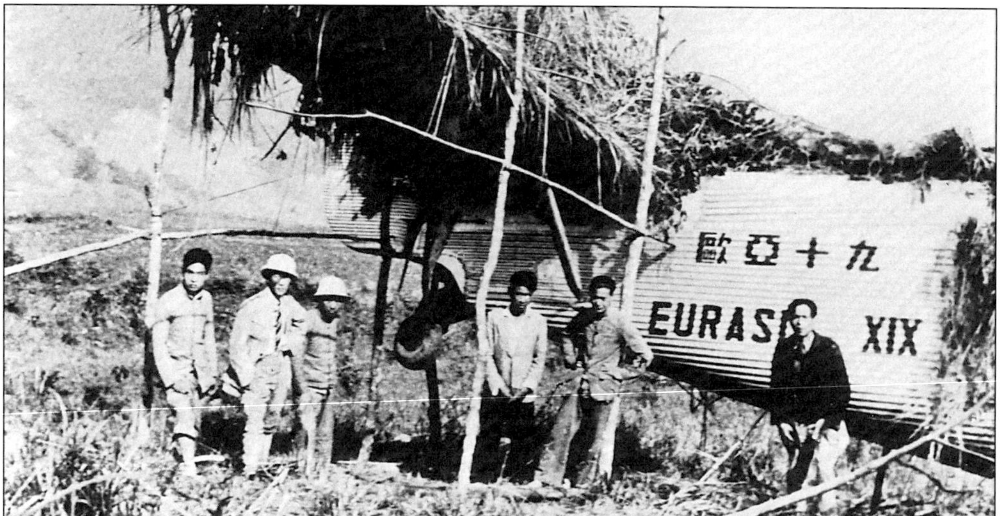

Da man die beschädigte Ju 52 nicht zurücklassen wollte, wurde eine Expedition von Mechanikern und 33 Packpferden gestartet, welche die Ersatzteile sowie Vorräte für mehrere hundert Maulesel trugen, die zum Herstellen einer Startbahn benötigt wurden. Nach mehreren Monaten waren das Flugzeug und die Startbahn fertig.

Sechs Monate nach der Bruchlandung steigt die reparierte Ju 52 – auf dem Foto wird das Flugzeug zum Planieren der Startbahn eingesetzt – tatsächlich wieder auf und schafft es ohne Schwierigkeiten zum nächsten Flughafen.

Obwohl man die Ju 52 auch als Bombenflugzeug und sogar zum Detonieren von Magnetminen benutzte, wurde sie von der Luftwaffe während des Zweiten Weltkrieges hauptsächlich als Transportflugzeug eingesetzt. Die weitaus größere Anzahl von Ju 52 wurde für militärische Zwecke gebaut.

1945 wurden die vielen Ju 52, die den Krieg unbeschadet überstanden hatten, in den Dienst der Siegermächte gestellt. Andere Ju 52 dienten als Transportflugzeuge in den Luftwaffen befreiter Länder und bleiben zum Teil noch bis zu zehn Jahre im Dienst. Alles in allem wurden von den 180 Ju 52, die noch einigermaßen flugbereit waren, 137 wieder flottgemacht.

Auch die französische Luftwaffe hatte nach dem Krieg viele Ju 52 im Einsatz. Mehr als 400 Maschinen dieses Typs waren von den Ateliers Aeronautiques de Colobes gebaut worden. Dieses Flugzeug wurde im libyschen Idris im August 1958 fotografiert.

Die Ju 52 wurde zum ersten Mal während des Spanischen Bürgerkrieges 1936 militärisch eingesetzt. Später baute CASA insgesamt 170 Ju 52 auf der Iberischen Halbinsel. Eine davon sieht man hier im Dienst der spanischen Luftwaffe.

Viele Fluglinien in Europa hatten schon vor dem Zweiten Weltkrieg die Ju 52 im Einsatz, und auch nach dem Krieg diente sie wieder als ziviles Transportflugzeug. Die Schweizer Luftwaffe flog während des Krieges sogar drei Ju 52. Diese wurden dann nach 43 Jahren im militärischen Dienst für die zivilen Luftfahrt genutzt.

Obwohl die Ju 52 der Schweizer Luftwaffe vorrangig zum Schulen von Beobachtern und Funkern genutzt wurde, diente sie auch für Trasnportflüge aller Art, wie beispielsweise als Rettungsflugzeug für Lawinenopfer in den Bergen.

Sogar 1955 fand man noch neue Aufgaben für die Ju 52. Dieses Flugzeug wurde auf dem Flughafen Düsseldorf vor der Überführung an Sepik Airways fotografiert. Sepik setzte die Maschine in Pagua Neuguinea ein.

Großbritannien erwarb nach dem Krieg einige Ju 52. Die meisten wurden für das Militär eingesetzt, zehn Ju 52 flogen 1946/47 auch auf Inlandsrouten von British European Airways.

Während des Krieges wurde mehrere Ju 52 von der schwedischen Flugabwehr abgeschossen. Einige der deutschen Maschinen konnten noch landen und wurden dann in Schweden zivil registriert. A.B. Transport allerdings erwarb sieben Ju 52 direkt von Junkers, einschließlich dieses abgebildeten Wasserflugzeuges.

Auf dem Stützpunkt der Royal Air Force in Berlin-Gatow restaurierte 1974 eine kleine Gruppe von Mechanikern eine Ju 52/3m.

Ursprünglich wurde diese Ju 52 1944 in Spanien gebaut. Die Mechaniker der Royal Air Force haben sie mit Lufthansafarben versehen und restauriert – allerdings nur als Ausstellungsstück, denn fliegen kann sie nicht mehr.

„Iron Annie“ wurde im Jahr 1962 in armseliger Verfassung auf dem Flughafen von Quito entdeckt, wo man sie nach fünf Jahren Dienst über den Dschungeln von Südamerika vergessen hatte. Martin Caidin, ein amerikanischer Fan von alten Flugzeugen, restaurierte sie. Die alte Ju 52 nahm sogar an Flugshows teil. Sie wurde 1984 an Lufthansa verkauft und nach Hamburg geflogen.

Die alte Ju 52 wurde entmantelt, komplett neu wiederhergestellt und mit 14 Sitzen ausgestattet. Lufthansa nutzte die Passagiermaschine, um Luftfahrtbegeisterte oder Gäste auf Werbetouren zu befördern. Sie erhielt auch die Lufthansalackierung aus den dreißiger Jahren, wurde aber mit modernen Navigationsgeräten ausgestattet, um die heutigen Anforderungen erfüllen zu können.

Mit seinem Enthusiasmus für Forschung und Entwicklung zog Hugo Junkers mehr und mehr Kritik auch in seinem eigenen Unternehmen auf sich. Die Entwicklung war teuer, und die Flugzeugproduktion brachte in den zwanziger Jahren ohnehin nicht viel Geld ein. 1928 erhielt Junkers den Auftrag für ein Forschungsflugzeug, das große Höhen erreichen sollte. In dem Glauben, daß seine Forschung sich durch Unternehmensgewinne selbst finanzieren würde, hatte Junkers schon längst begonnen, an der Entwicklung einer Version des Motors L 88, der für große Höhen ausgelegt sein sollte, zu arbeiten. Der Motor wurde allerdings nicht rechtzeitig für den ersten Flug des Forschungsflugzeuges Ju 49 fertig. Die Ju 49 flog zum ersten Mal am 2. Oktober 1932, drei Jahre nachdem die Entwicklung begonnen hatte. Die Maschine verfügte über eine Druckkammer für zwei Personen. Da es nur wenige Luken gab, war die Sicht des Piloten sehr eingeschränkt. Unten war sogar ein Periskop befestigt, damit man Sicht auf den Boden erhielt. Ausgestattet mit einem 800-PS-Motor, erreichte die Ju 49 immer größere Höhen. 1935 kam sie bis auf 13.000 Meter. Die Erfahrung aus diesem Experiment war ein Jahr später sehr nützlich, als das Forschungsflugzeug EF 61 Versuchsflüge in großen Höhen aufnahm. Die Aufklärungsversion des Bombers Ju 86 wurde nun mit einer Druckkammer für die Crew ausgestattet.

5

Wieder Krieg – und das letzte Kapitel

Die Junkers-Werke – genau wie andere deutsche Flugzeughersteller – taten einiges, um die Beschränkungen des Versailler Vertrages für den Flugzeugbau zu umgehen. Junkers' Sorge galt zwar eher dem technischen Fortschritt, der durch den Vertrag eingeschränkt wurde, als dem Bau von Militärflugzeugen. Wenn man jedoch bedenkt, daß Junkers eine ganze Reihe von Militärflugzeugen nach dem Ersten Weltkrieg in Schweden und Rußland produzierte, scheint er nicht gerade desinteressiert an militärischer Luftfahrt gewesen zu sein. Die Studien zu einem Großtransportflugzeug, die von Junkers in den zwanziger Jahren initiiert wurden, zeigen jedoch zusammen mit dem unzweifelhaften Erfolg der F 13 und der Ju 52, der maßgeblichen Passagierflugzeuge ihrer Zeit, daß es wohl wirklich in erster Linie um technischen Fortschritt ging.

In den frühen dreißiger Jahren wurde auch Deutschland von der Weltwirtschaftskrise schwer getroffen. Hugo Junkers hatte immer weniger Geld. Dennoch weigerte er sich, seine Patente zu verkaufen, um Schulden zu bezahlen. Auch das brachte ihm Kritik aus seinem Unternehmen ein. Zwei Tage, nachdem die Nationalsozialisten 1933 die Macht ergriffen hatten, wurde Junkers „gebeten", seine Patentrechte an das Luftfahrtministerium zu übergeben, aber der Professor weigerte sich. Nachdem drei leitende Angestellte seiner Firma verhaftet worden waren und gedroht wurde, gegen den ältesten Sohn und die älteste Tochter von Junkers zu ermitteln, gab der Professor dem Druck nach und händigte seine Patente aus. Damit war die Angelegenheit jedoch nicht erledigt, denn die neue Regierung erwartete, daß deutsche Flugzeughersteller das Dritte Reich durch die Entwicklung von Militärflugzeugen unterstützten.

Junkers jedoch erklärte, daß sein Hauptinteresse der Forschung gelte und daß nur er allein zu entscheiden habe, was in seinem Unternehmen passiert. Daraufhin wurde dem Flugzeugbauer gedroht, ihn wegen Hochverrats vor Gericht zu stellen. Vor die Alternative gestellt, seine Anteile an den Flugzeug- und Motorenwerken zu übergeben oder angeklagt zu werden, beugte sich der 74jährige abermals der Erpressung. Junkers wurde quasi unter Hausarrest gestellt. Man stellte eine Liste mit Junkers' „Verfehlungen" auf, um Bemühungen um eine Rehabilitierung des Professors entgegenzuwirken. Der Fall Junkers zog sich weiter hin, aber am 3. Februar 1935 starb der alte Mann. Die Hakenkreuze auf den Flugzeugen machten allerdings auch zu dieser Zeit schon deutlich, in welche Richtung die Entwicklung gehen würde.

Die schnelleren Passagierflugzeuge, die nun bei Junkers konstruiert wurden, waren ganz offensichtlich Vorreiter von Bombenflugzeugen. Von Mitte der dreißiger Jahre bis zum Ende des Zweiten Weltkrieges galten sämtliche Konstruktions- und Entwicklungsarbeiten bei Junkers der Kriegsrüstung. In der Tat spielte der Sturzkampfbomber Ju 87 mit seiner charakteristisch gekrümmten Tragfläche eine wichtige Rolle beim Überfall auf Polen 1939 und dem Sieg über Frankreich 1940.

Auch die Entwicklung des Bombers Ju 88 hatte lange vor Ausbruch des Krieges begonnen. Sowohl Ju 87 als auch Ju 88 wurden während des Krieges weiter produziert. Man entwickelte neue Kampfflugzeuge, und zusätzlich baute das Unternehmen die erfolgreiche Ju 52, die in großer Anzahl hauptsächlich als Transportflugzeug diente. Der viermotorige düsengetriebene Bomber Ju 287 war nicht nur der letzte realisierte Entwurf von Junkers, sondern das letzte Flugzeug überhaupt, welches den Namen Junkers trug. 1945 besetzte die Rote Armee die Junkers-Werke in Dessau. Die Reste des Werkes wurden demontiert. Damit endete die Geschichte des berühmten Flugzeugbauers.

Die auf der W 34 basierende Ju 46 wurde von Lufthansa als Wasserflugzeug eingesetzt, um Post in die USA zu befördern. Etwa 1.200 km vor der amerikanischen Küste wurden die Ju 46 von Bord der Dampfer „Europa“ und „Bremen“ katapultiert.

Die Wasserflugzeugversion der Ju 46 wurde ab 1932 als Postflugzeug eingesetzt. Sie konnte die Post ungefähr einen Tag vor dem Einlaufen des Schiffes ausliefern. Die Maschinen trugen jeweils den Namen des Schiffes, von dem sie stammten. Sie waren rot lackiert, damit man sie im Falle einer Notlandung auf dem Wasser leichter finden konnte.

Das 27 Meter lange K2-Katapult funktionierte mit Druckluft. Es war mitschiffs zwischen den beiden Schornsteinen montiert. Die Ju 46 wurde mit dem Katapult weit genug hinausgeschleudert, um selbst Geschwindigkeit aufnehmen zu können. Dazu hatte die Ju 46 einen 600 PS starken BMW-Motor.

Ab 1932 flogen Ju 46 die Nord- und Ostseebäder an. Insgesamt wurden nur vier Ju 46 gebaut. Manche rüstete man später zu Landflugzeugen um, so auch eine Maschine, die in Brasilien von Syndicato Condor eingesetzt wurde.

Eine Ju 46 fliegt an dem Luxusdampfer „Bremen" vorbei, um Kurs auf Nordamerika zu nehmen. In den dreißiger Jahren verlief der Posttransport über den Nord- und Südatlantik immer reibungsloser.

Vor dem großen Dampfer „Europa" nimmt sich diese Ju 46 wie ein Spielzeugflieger aus. In den Jahren 1932 bis 1935 flog diese Ju 46 durchschnittlich 17 Posttouren pro Jahr.

Der letzte Flugzugtyp, der 1931 noch unter Hugo Junkers entwickelt und gebaut wurde, war das Hochgeschwindigkeitsflugzeug Ju 60. Wieder einmal war Junkers seiner Zeit technologisch weit voraus, konnte mit seiner Entwicklung jedoch kaum Geld verdienen. Von den vier Maschinen, die gebaut wurden, sind vermutlich nur drei von Lufthansa eingesetzt worden.

Die Ju 60 mit dem ovalen Rumpf, welcher erstmals bei der A 50 verwendet worden war, markiert das Ende der für Junkers charakteristischen gewellten Außenhülle. Der Rumpf und Teile des Hecks sind mit einer glatten Legierung überzogen.

Zusammen mit einer F 24 im Hintergrund sieht man hier eine Ju 160, die im Grunde die Serienversion der Ju 60 darstellt. Bei der Ju 160 ist die gesamte gewellte Hülle durch glattes Duralumin ersetzt. Insgesamt wurden 48 Ju 160 gebaut. Der Typ wurde von Lufthansa ab 1935 als schnelles Passagierflugzeug eingesetzt. Er konnte sechs Passagiere befördern.

Eine Ju 160 wird aufgetankt. Lufthansa hatte 21 Ju 160 in Dienst, die auf 13 Inlandsrouten verkehrten. Ausgestattet waren die Maschinen mit 600 PS starken Motoren von BMW. Die Ju 160 konnte bis zu 380 Kilometer in der Stunde zurücklegen. Das einfahrbare Fahrwerk trug zur Geschwindigkeit bei.

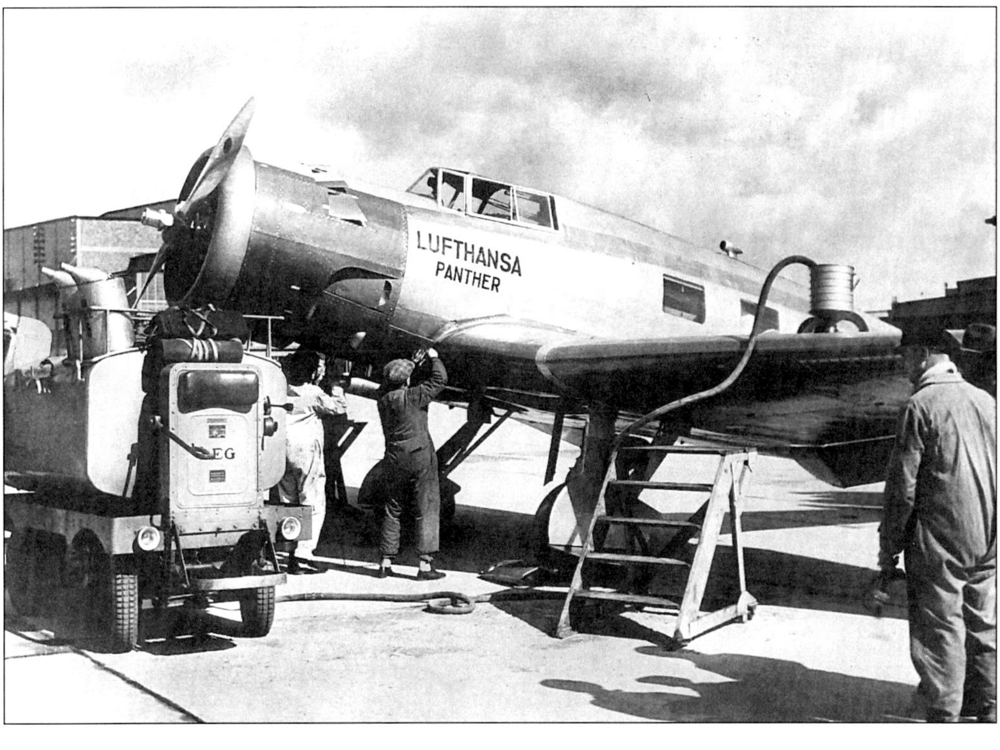

Eine Ju 86 mit Jumo-205-Dieselmotoren von Junkers auf dem Flughafen Berlin-Tempelhof. Die Hakenkreuze am Heck sind wegretouchiert worden.

Auf dieser Gegenlichtaufnahme der Ju 86, welche 1934 eingeführt wurde, ist die Querruder- und Landeklappenkonstruktion über die ganze Spannweite gut zu erkennen.

Der 600 PS starke Dieselmotor Jumo 205 von Junkers trieb die erste Ju 86 an, die als Passagierflugzeug zehn Personen befördern konnte. Lufthansa hatte etwa 15 Flugzeuge dieses Typs im Einsatz. South African Airways erhielt ab 1937 18 Ju 86, welche später alle der südafrikanischen Luftwaffe überstellt wurden.

Obwohl Lufthansa ihre Ju 86 hauptsächlich auf Inlandsrouten oder kürzeren europäischen Strecken einsetzte, flog 1936 eine speziell umgebaute Ju 86 nonstop von Dessau nach Bathurst in Gambia – eine Strecke von 5.797 Kilometern.

Zwei Ju 86 vor der Wartungs- und Instandsetzungshalle von Lufthansa in Hamburg.

Die ersten Passagierflugzeuge vom Typ Ju 86 wurden in die Schweiz verkauft. Swiss Air hatte in den späten dreißiger Jahren zwei Maschinen für den Nachtposttransport im Einsatz.

Das deutsche Engagement im Fernen Osten brachte für Junkers gute Geschäfte mit sich. Manchurian Airlines hatte 60 Ju 86 in der Zivilversion im Einsatz. Hier eine Ju 86 von Manchurian Airlines auf dem Flughafen von Hsiching, die zuvor auf dem Flugfeld von Fongtien East getestet worden war.

Insgesamt wurden etwa 810 Ju 86 in der Militärversion gebaut. Die Schwedische Luftwaffe erwarb nicht weniger als 40 Flugzeuge von Junkers, weitere 16 wurden in Schweden von Saab gebaut. Die Luftwaffe setzte die Ju 86 vor allem zu Aufklärungszwecken ein, da sie in großen Höhen von bis zu 1.350 Metern fliegen konnte.

Einige der schwedischen Ju 86 wurden zu Transportflugzeugen umgerüstet. Die hier abgebildete Ju 86 steht auf dem Flugfeld von Hatfield, wohin sie einige Piloten gebracht hatte, die dort Vampir-Kampfflugzeuge abholen sollten. Das Foto entstand Ende der vierziger Jahre.

Das für große Höhen ausgerüstete Forschungsflugzeug Ju EF 61 flog zum ersten Mal 1937. Die EF 61 unterschied sich in vielen Punkten von dem sechs Jahre älteren Vorläufermodell Ju 49. Das Ganzmetallflugzeug Ju 49 war von nur einem Motor angetrieben, die EF 61 hingegen verfügte über zwei Motoren, ein einfahrbares Fahrwerk und einen mit Gewebe bezogenen Rumpf. Nur die Druckkammer im vorderen Teil des Rumpfes war aus Metall. Beide gebauten EF 61 stürzten noch in der Testflugphase ab, so daß ihre Ausstattungsmerkmale nicht vollständig getestet werden konnten. Dennoch gilt die Ju EF 61 als Vorläufer der Ju 86, die 1941 eingeführt wurde.

Das Sturzkampfflugzeug, bekannter als Stuka, spielte eine wichtige Rolle im sogenannten Blitzkrieg zu Beginn des Zweiten Weltkrieges. Am Steuerbordfahrwerk war eine Sirene angebracht, welche die Opfer der Tiefflugattacken noch zusätzlich in Angst und Schrecken versetzte. Insgesamt wurden 5.709 Ju 87 gebaut, aber ihr Nachteil war, daß sie relativ langsam flogen und sich kaum gegen wendigere Jagdflugzeuge verteidigen konnten.

Prototypen der Ju 87 hatten zuerst zivile Kennzeichen, aber es gab keinen Zweifel, wie dieses Flugzeug eingesetzt werden würde. Ursprünglich wurde die Ju 87 produziert, weil sie an einem Wettbewerb gegen Flugzeuge von Arado, Blohm & Voss und Heinkel teilnehmen sollte. Die Ju 87 gewann wegen ihrer überlegenen Stabilität.

Während die Prototypen der Ju 87 von Kestrel-Motoren der Firma Rolls-Royce angetrieben wurden, waren die Modelle der in Serie produzierten Ju 87 mit Jumo-Motoren unterschiedlicher Stärken ausgestattet. Einige der zuerst produzierten Maschinen flogen im Spanischen Bürgerkrieg, später wurden auch einige von der italienischen Luftwaffe eingesetzt. Die überwiegende Anzahl aber diente der deutschen Luftwaffe.

Stuka-Staffeln wurden vor allem im Kampf gegen Bodentruppen eingesetzt. Da die Piloten wegen der enormen Fliehkräfte während des Sturzfluges vorübergehend das Bewußtsein verlieren konnten, übernahm ein Autopilot die Steuerung während des Abdrehens.

Auf der Tragfläche dieser Ju 87 war eine eigenartige Passagierkabine angebracht, welche die Leistungsfähigkeit des Flugzeuges sicherlich nicht verbesserte.

Der 640 PS starke Jumo 210 C von Junkers trieb die ersten Ju 87 an. Weiterentwicklungen dieses Motors wurden in die drei Folgemodelle der Ju 87 eingebaut. Der leistungsstärkste dieser Motoren hatte 1.300 PS.

Nach dem Krieg wurden einige eroberte Ju 87 restauriert. Das Foto dieser Maschine entstand 1968 auf der Basis der Royal Air Force in Henlow.

Ebenfalls 1968 in Henlow wurde diese „stuka-mäßig“ umgebaute Percival Proctor fotografiert. Eine erstaunliche Kopie der Ju 87!

Die Arbeit an der Entwicklung des Hochgeschwindigkeitsbombers Ju 85 begann 1935. Die Entwicklung über die Modellphase hinaus führte zur Ju 88, die sich sehr von ihrem Vorgängermodell unterschied: Die Ju 88 hatte nur ein Leitwerk und ein Ruder, während die Ju 85 eine Doppelkonstruktion aufwies. Ein Prototyp der Ju 88 flog zum ersten Mal 1936. Wie die folgenden Testflugzeuge trug auch dieses ein ziviles Kennzeichen.

Der Bomber Ju 88A war das erste Folgemodell der Ju 88, welches in Serie produziert wurde. Insgesamt wurden 14.980 Flugzeuge hergestellt. Es gab auch Varianten wie Jagdflieger und Aufklärungsflugzeuge.

Die Ju 88 kam, was ihre Vielseitigkeit als Bomber, Jagdflieger und Aufklärer angeht, der de Havilland Mosquito nahe.

Diese Ju 88 wurde der finnischen Luftwaffe vermutlich zur Verfügung gestellt, um Finnland im Krieg gegen die Sowjetunion zu unterstützen.

Dieser Bomber Ju 88A4 mit Jumo-211J-Motoren wurde 1943 in der Schweiz zur Landung gezwungen. Eine Reihe von deutschen (und alliierten) Flugzeugen drang in den Schweizer Luftraum ein und wurde dann „interniert“.

Beschädigte Flugzeuge wie diese Ju 88, die gerade noch notlanden konnte, ermöglichten es den Alliierten, sich über den Stand deutscher Technik zu informieren.

Das Wrack dieser Ju 88 zog viele Zuschauer an, so daß man eine Absperrung errichtete.

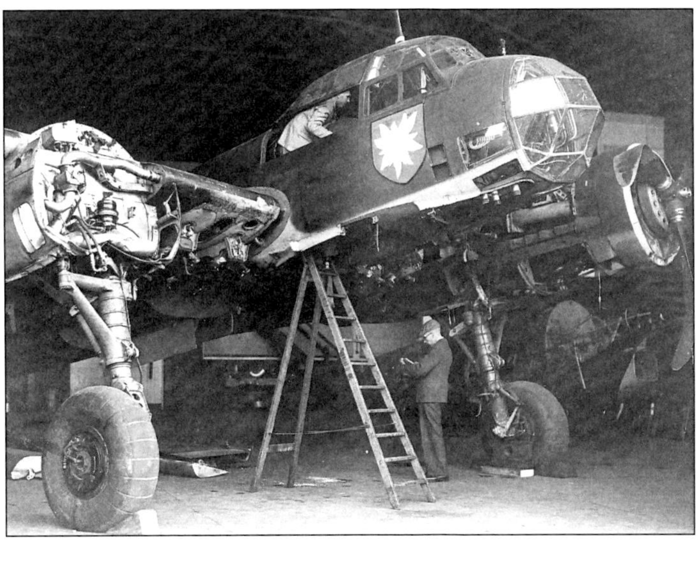

Diese Ju 88 wurde völlig unbeschädigt erobert. Hier wird sie von Ingenieuren der Royal Air Force auseinandergenommen, um Aufschluß über die deutsche Technik zu erhalten.

Nach Ende des Zweiten Weltkrieges gab es relativ großes Interesse an der im Krieg eingesetzten Ausrüstung. Diese eroberte Ju 88 wurde in London ausgestellt.

Ju-88-Jagdflieger hatten eine Metallnase, nicht die verglaste Nase der Bomber. Dieses Modell verfügte zusätzlich zu den Maschinengewehren noch über eine Kanone. In der Ausbuchtung unter der Nase befand sich eine nach hinten feuernde Waffe.

Um verbesserte Leistungen in großen Höhen zu erreichen, war die Ju 188 unter anderem mit verlängerten Tragflächen ausgestattet. Mehr als 1.000 Ju 188 wurden gebaut, da dieser Typ vielseitig einsetzbar war.

Schlanke Tragflächen mit spitzen Enden waren charakteristisch für die Ju 188 und auch andere Flugzeuge, die große Höhen erreichen sollten.

Obwohl die Ju 188 eine Weiterentwicklung der Ju 88 war, hatte sie ein vollständig neu konstruiertes Cockpit, welches geringeren Luftwiderstand aufwies. Um die Ju 188 nachts weniger angreifbar zu machen, erhielten einige Modelle Flammendämpfer für die Motoren.

Unter den eroberten Flugzeugen, die das Museum der amerikanischen Luftwaffe erwarb, befand sich auch diese Ju 188.

Nur 22 Maschinen des mittelschweren Bombers Ju 288 wurden insgesamt gebaut. Bei den meisten handelte es sich um Prototypen, die eine lange, gläserne Nase und ein doppeltes Seitenleitwerk aufwiesen. Die Konstruktion der Ju 288 begann 1940, aber da man immer mehr Jagdflugzeuge benötigte, wurde die Entwicklungsarbeit im Jahr 1943 eingestellt.

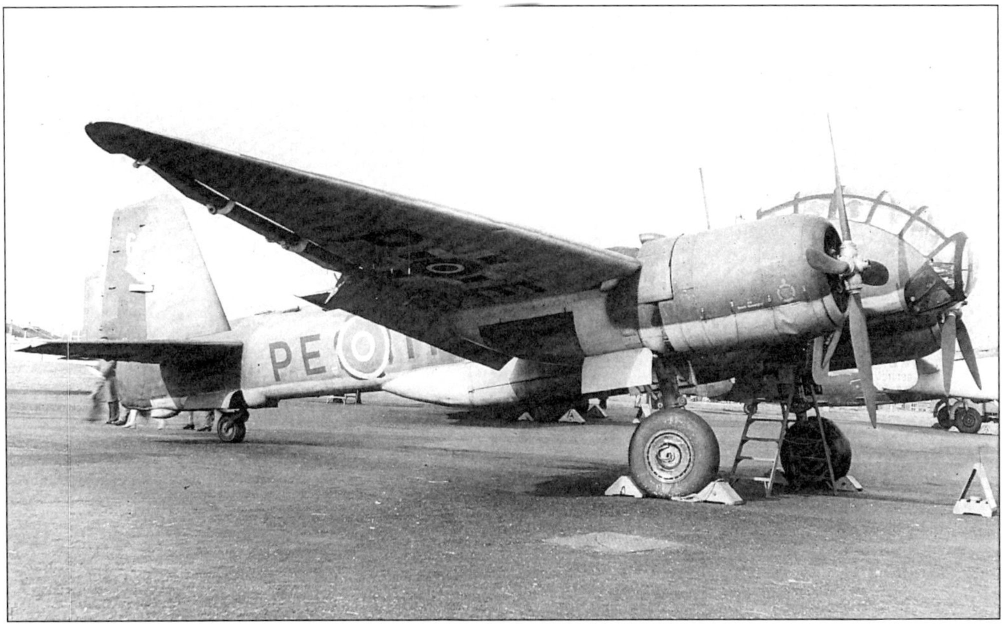

Die Ju 388 hatte wieder nur ein Seitenleitwerk und ein Seitenruder. Obwohl man ursprünglich ein Jagdflugzeug auf der Basis der Ju 88 und der Ju 188 entwickeln wollte, entstanden auch Aufklärer und Bomber. Schließlich wurde nur die Aufklärungsversion aktiv eingesetzt. Sie erhielt drei Kameras und ein nach hinten schießendes Maschinengewehr.

Diese Ju 388 wurde gegen Ende des Krieges zusammen mit einigen anderen eroberten deutschen Flugzeugen nach Farnborough gebracht, wo die Aufnahme entstand.

Das Museum der US-Luftwaffe besitzt diese Ju 388. Dieser Typ übernahm von der Ju 188 das einzelne Leitwerk und von der Ju 288 die lange verglaste Nase.

Der Prototyp Ju 90 flog zum ersten Mal 1937. Die Ju 90 basierte auf dem Bomber Ju 89, der ein Jahr zuvor gebaut worden war. Dies war ungewöhnlich, da sonst immer zuerst die zivile Version produziert wurde. Nachdem die Ju 89 abstürzte, zeigte die Luftwaffe Interesse an einem kleineren und schnelleren Bomber. Die Ju 90 jedenfalls war ein sehr fortschrittliches Flugzeug mit einem versenkbaren Fahrwerk und einer geräumigen Kabine.

Die Ju-90-Prototypen wurde von vier DC-600-Motoren mit Flüssigkühlung angetrieben. Die in Serie produzierten Maschinen erhielten Motoren von BMW.

Die Ju 90 sollte das letzte zivile Passagierflugzeug sein, welches von Junkers gebaut wurde. Lufthansa hatte eine Flotte von elf Maschinen im Einsatz. Bei Ausbruch des Krieges wurden die

meisten allerdings der Luftwaffe überstellt.

Der Ju-90-Prototyp mit seinen flüssig gekühlten Motoren verfügte über Kühlluken, die bei Bedarf geöffnet werden konnten. Auf diesem Foto sind die Kühlluken geschlossen, so daß der Luftwiderstand reduziert war, wenn keine zusätzliche Kühlung benötigt wurde.

Eine Ju 90 mit geöffneten Kühlluken.

Hier ist die zweiteilige Tragfläche mit ihrer leicht zurückgezogenen Spitze deutlich zu erkennen – klassisches Junkers-Design auch bei der Ju 90. Diese Ju 90 war die erste, welche von Lufthansa eingesetzt wurde. Sie ist vermutlich auch eine der beiden Maschinen, die 1940 wieder zurück zu Lufthansa kamen, nachdem die Luftwaffe zunächst alle gebauten Maschinen beansprucht hatte.

Nach kurzer Zeit im Dienst der Lufthansa wurde diese Ju 90 an die Luftwaffe überstellt und als Transportflugzeug eingesetzt. Andere Ju 90 dienten zu Studienzwecken für die Entwicklung der größeren Ju 290.

Die Motoren der Ju 90 konnten in nur einer halben Stunde ausgewechselt werden, wie man hier stolz der Presse vorführt. Motor und Propeller blieben einfach zusammen.

Die in Serie produzierte Ju 90 hatte 830 PS starke 123-H-Motoren von BMW. Sie erreichte eine Reisegeschwindigkeit von 360 Kilometern pro Stunde.

Die Ju 280 basierte auf der Ju 89/90. Die Entwicklung des neuen Typs begann 1940. Etwa 55 der für Schwertransporte und Seeaufklärung ausgelegten Ju 290 wurden gebaut, ein großer Teil davon im tschechischen Letov.

Das Cockpit der Ju 290 galt als modern und übersichtlich. Bis zu 48 Soldaten konnten transportiert werden. Die spätere Bomberversion hatte einen Gefechtsstand in der verlängerten Nase. Allerdings wurden nur 18 Bomber gebaut. Eine der Maschinen gelangte nach dem Krieg in die USA.

Die riesige Ju 390 wurde von sechs 2.000-PS-Motoren angetrieben. Sie hatte eine Reichweite von fast 9.000 Kilometern.

Nur zwei Langstreckentransportflugzeuge des Typs Ju 390 wurden gebaut, beide im tschechischen Letov. Eine mit 14 Maschinengewehren bewaffnete Aufklärerversion wurde nie realisiert.

Die dreimotorige Ju 252 basierte erkennbar auf der Ju 52. Allerdings hatte die Ju 252 nicht mehr die gewellte Hülle ihrer Vorgängerin.

Die Ju 252 konnte bis zu 32 voll ausgerüstete Soldaten befördern und erzielte auch insgesamt eine bessere Leistung, da das versenkbare Fahrwerk den Luftwiderstand verringerte. Insgesamt wurden nur 15 Maschinen gebaut. Die Ju 252 war Teil der Luftflotte, die 1942 das deutsche Afrika-Corps versorgte.

Die Ju 352 ähnelte in vielerlei Hinsicht dem dreimotorigen Vorgängermodell. Die Tragflächen bestanden aus einer Gewebe-Holz-Konstruktion, weil man kriegswichtiges Metall sparen mußte. Einige der 44 gebauten Ju 352 überstanden den Krieg und fielen in die Hände der Alliierten.

Junkers frühere Design-Arbeiten für ein großes Passagierflugzeug fanden bei dem zu Kriegsbeginn gestarteten Projekt Ju 322, einem militärischen Lastensegler, Verwendung. Wie die G 38 hatte das Gleitflugzeug einen großen, massigen Mittelteil, so daß es fast wie eine fliegende Tragfläche aussah. Die Tragfläche sollte offenbar sperriges Transportgut aufnehmen können, das direkt durch eine große Luke geladen werden konnte. Die Funktion des Rumpfes bestand einfach nur in der Befestigung von Heckflosse und Querruder. Obwohl zwei Maschinen schon gebaut worden waren und die Serienproduktion anlief, wurde das Projekt abrupt gestoppt, als der erste Prototyp beim Jungfernflug – im Schlepp einer Ju 90 – abstürzte.

Die Ju 287 war das letzte neue Junkers-Flugzeug, das es bis zur Flugreife brachte. Wie viele Modelle vor ihm hatte es ein ungewöhnliches Design. Die Tragflächen waren nach vorn geneigt, und die Motoren waren auf unorthodoxe Weise montiert – zwei an jeder Tragfläche und zwei vorn am Rumpf. Die erste der beiden gebauten Ju 287 flog zum ersten Mal im Februar 1945. Aber das herannahende Kriegsende stoppte die Tests. Die Ju 287 wurde nie in Serie produziert.

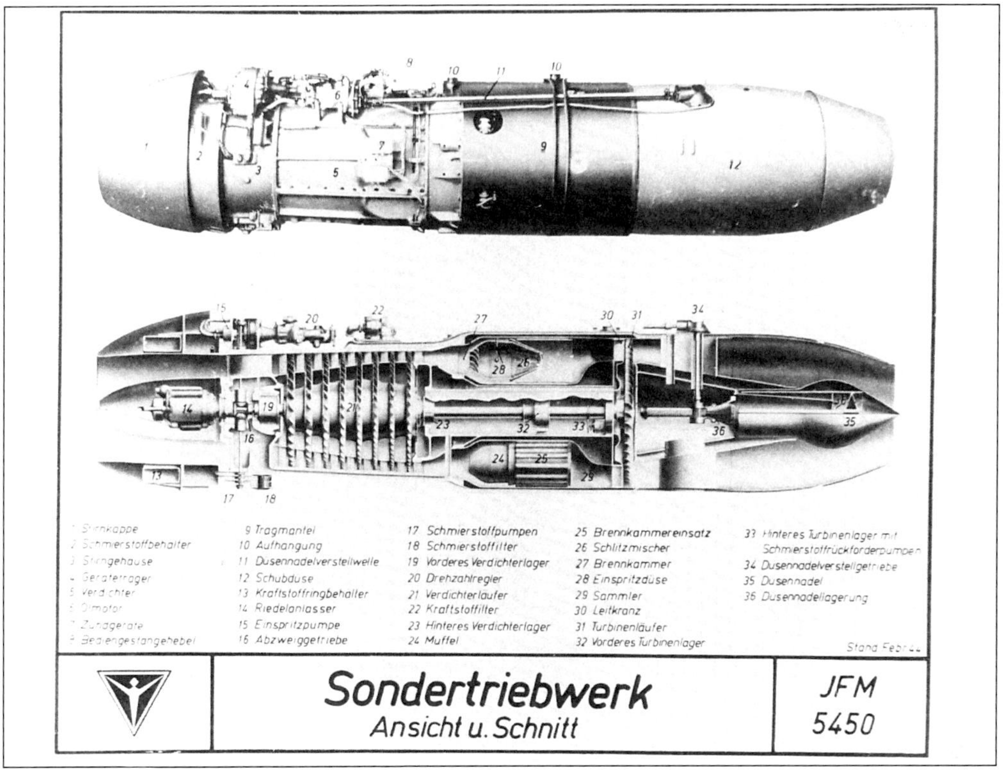

Die Ju 287 wurde von vier Jumo-004-Turbotriebwerken angetrieben, die nicht nur Junkers' Anteil am aufkommenden Triebwerkzeitalter der Luftfahrt markierten, sondern auch das Ende des Unternehmens, das bald in Vergessenheit geriet. Fast alle Fabriken von Junkers befanden sich im von den Sowjets besetzten Teil von Deutschland, und obwohl einige Mitarbeiter dann in Rußland arbeiten, wurden unter dem Namen Junkers keine Flugzeuge mehr produziert.

Die Heimat entdecken!

Von Kiel bis Wien,
von Aachen bis Görlitz:
Entdecken Sie Alltagsgeschichten
aus Ihrer Heimatstadt!

Leben in der Großstadt …

Tauchen Sie ein in das quirlige Großstadtleben vergangener Tage. Spazieren Sie über breite Boulevards und stürzen Sie sich ins Nachtleben. Erkunden Sie ihre Stadt durch die Fensterscheiben einer Straßenbahn oder des ersten Käfers und bewundern Sie prächtig geschmückte Schaufenster.

Erinnerungen an die Schulzeit ...

Erinnern Sie sich noch an die Zeiten von Abakus und Schiefertafel, an Klassenausflüge oder den ersten Taschenrechner? Blicken Sie zurück auf große Klassen und gestrenge Schulmeister, entdecken Sie auf Klassenfotos Freunde und Bekannte von früher!

… und das Arbeitsleben

Entdecken Sie, wie sich das Arbeitsleben in den letzten hundert Jahren verändert hat. Werfen Sie einen Blick in Fabrikhallen, blicken Sie Handwerksmeistern bei ihrer Arbeit über die Schulter und erinnern Sie sich an den Einkauf im Tante-Emma-Laden.

Gesellige Stunden im Verein …

Fußballclub und Schützenverein, Musikkapelle und Gesellenverein: Schauen Sie zurück auf Volksfeste und Turniere, Chorproben oder Prunksitzungen. Erinnern Sie sich an schöne Stunden und das gesellschaftliche Leben in Ihrer Heimat.

FSC
www.fsc.org
MIX
Papier | Fördert gute Waldnutzung
FSC® C083411

Zeitfracht Medien GmbH
Ferdinand-Jühlke-Straße 7
99095 Erfurt, Deutschland
produktsicherheit@kolibri360.de

Druck:
CPI Druckdienstleistungen GmbH
im Auftrag der
Zeitfracht Medien GmbH
Ein Unternehmen der Zeitfracht - Gruppe
Ferdinand-Jühlke-Str. 7
99095 Erfurt